DER STERNZEICHEN LIEBES-CHECK

VON STELLA HYDE

DER STERNZEICHEN LIEBES-CHECK

VON STELLA HYDE

Illustrationen: Tonwen Jones

MOEWIG

Moewig ist ein Imprint der Edel Germany GmbH

Copyright © für die deutsche Ausgabe
2011 Edel Germany GmbH, Hamburg
www.moewig.com | www.edel.de
1. Auflage 2011

Projektkoordination der deutschen Ausgabe: Nina Schnackenbeck
Übersetzung: Brigitte Rüßmann, Scriptorium Köln
Redaktion und Satz der deutschen Ausgabe: Gerdi Killer, bookwise Medienproduktion GmbH
Umschlaggestaltung: Groothuis, Lohfert, Consorten, Hamburg | www.glcons.de

Erstveröffentlichung unter dem Titel
„Darkside Zodiac for lovers" durch
Ivy Press
210 High Street
Lewes – East Sussex
BN7 2NS
United Kingdom
www.ivy-group.co.uk

Creative Director: Peter Bridgewater
Publisher: Jason Hook
Editorial Director: Caroline Earle
Senior Project Editor: Dominique Page
Art Director: Sarah Howerd
Designer & Illustrator: Tonwen Jones

Printed in China

ISBN 978-3-86803-464-6

Iŋɦaʟt

Einleitung

Es gibt zwar keine statistischen Erhebungen darüber, aber vermutlich befragen die meisten von uns ihr Horoskop, ob die Liebe ihres Lebens sich am Sternenhimmel abzeichnet. Die aber findet vor lauter Betrügern, Herzensbrechern und Schnorrern kein Durchkommen. Wir alle machen uns in der Liebe zum Narren, aber dieses Buch erklärt uns wenigstens, wie – vom ersten fehlgeleiteten Blickkontakt bis zur hasserfüllten Trennung. Wer Bescheid weiß, kann sich zumindest wappnen.

Seien Sie aber vorgewarnt: In diesem Buch werden Sie nichts Schmeichelhaftes finden. Wer also fest an die Macht der Liebe glaubt und sich an ihrem süßen Honig laben möchte, der sollte lieber die Finger davon lassen.

So funktioniert das Buch

Nach einer kurzen Erklärung zu Venus und Mars sowie nützlichen Tipps zu den vier Sternzeichen mit unfairem Vorteil im Liebesspiel (Widder, Stier, Waage, Skorpion) geht es weiter zu den einzelnen Sternzeichen. Die Beschreibung folgt dem Ablauf einer scheiternden Affäre.

Es beginnt mit einer (endlich einmal) halbwegs realistischen Kontaktanzeige. Dann folgen erste Einblicke in die typischen Merkmale Ihres Sternzeichens:

Welche Einstellung haben Sie zu One-Night-Stands? Wie lauten Ihre Anmachsprüche? Sind Sie eher Klammeraffe, Sprücheklopfer oder Schnorrer?

Danach erfahren Sie, wie es ist, sich mit Ihnen zu verabreden. Wie steht Ihr Romantikbarometer? Wo kann der Rest der Welt Sie treffen? Wohin gehen Sie aus, und was machen Sie dort? Was halten Sie von Speed-Dating? Oder bevorzugen Sie etwa die anonyme Pirsch im Internet? Was verschenken Sie?

Auf dem Weg zum dritten Treffen wird es langsam heißer, und Sie finden heraus, was sich unter der Decke tut. Haben Sie wirklich Spaß am Sex? Was sind Ihre wildesten Fantasien, und von welchem Sexspielzeug träumen Sie? Wie kommen Sie mit Mars (dem Planeten der Umtriebigkeit) zurecht?

Mit der Unverträglichkeitsliste, die beweist, dass eigentlich kein Sternzeichen richtig zu Ihnen passt, kommt die erste kalte Dusche. Schuppen fallen Ihnen von den Augen, und Desillusionierung setzt ein. Es muss also alles schiefgehen, und wir finden heraus, warum. Können Sie vielleicht nicht treu sein? Und kommt das Wort „Hingabe" in Ihrem Vokabular überhaupt vor? Dann nehmen wir Ihren hinterhältigen Ehevertrag und Ihre lächerlichen Ausreden unter die Lupe. Schließlich lernen wir, wie wir uns an Ihnen rächen können, auch wenn Sie das vielleicht nur wenig berührt.

Zum Schluss (schließlich müssen auch Abgründe einen Ausweg bieten) zeigen wir Ihnen, wie Sie doch noch zu Ihrer großen Liebe kommen. Wir listen ein paar heiße, seelenverwandte Zeichen auf, die Ihnen helfen sollen zu vergessen, welchen Murks Sie beim letzten Mal gebaut haben, und die einen kleinen Lichtblick bieten – so siegt dann vielleicht doch die Hoffnung über die Erfahrung.

Blind-Date-Sofort-Test

Am Ende des Buches finden Sie den Blind-Date-Sofort-Test. Haben Sie ihn bei einem Blind Date griffbereit unter dem Tisch, können Sie schnell erkennen, mit welchem Sternzeichen Sie es zu tun haben, ohne nach dem Geburtstag fragen zu müssen. Dann wissen Sie auch, ob Sie besser gleich abhauen sollten oder doch lieber noch ein bisschen warten, zumindest bis Ihr Gegenüber die Rechnung bezahlt hat.

Venus und Mars

Ja, ist schon klar, Männer stammen vom Mars und Frauen von der Venus. Das ist keine unumstößliche Wahrheit, sondern beweist nur die Faszination der Werbeindustrie für Alliterationen. Wir alle, ob Weiblein oder Männlein, haben etwas von beiden Planeten: Venus ist der Planet der Liebe (wer aber glaubt, es ginge nur um blinde Anbetung, mache sich auf einen Schock gefasst) und Mars der Planet der Triebe. Venus bringt Verlangen und Harmonie, Mars Energie und Leistung. Es muss also Konsequenzen haben, wenn dieses Zwillingspaar Liebe/Triebe im Geburtshoroskop auftaucht – ganz besonders für die Abgründe der Wesensmerkmale.

Sie meinen vielleicht, Ihr Sonnenzeichen macht Sie zur unwiderstehlichen Verführerin, doch bei den eher kühlen Sternzeichen erstickt Venus alles im Keim. Sie halten sich für den Aufreißerkönig schlechthin, aber schüchterne Zeichen lässt Mars verstummen und schweigend am falschen Ende der Bar stehen. Bevor Sie also noch mehr Fehler machen, sollten Sie sich im Internet kostenfrei ein computergeneriertes Geburtshoroskop besorgen, das auf Tag, Ort und Zeit Ihrer Geburt abgestimmt ist, damit Sie wissen, was Venus und Mars bei Ihrer Geburt so alles angestellt haben.

Venus und ihr Einfluss

Venus ist viel zu verwöhnt, als dass sie sich zu weit von der Sonne entfernen würde, und ihre Umlaufzeit ist auf Kuschelkurs mit der der Erde: Die beiden Planeten umkreisen die Sonne in einer Art himmlischer Umarmung (oder, düster interpretiert, in der tödlichen Umklammerung verhasster Ehepartner). Aus komplizierten astrophysikalischen Gründen, die wir nicht verstehen müssen, taucht die

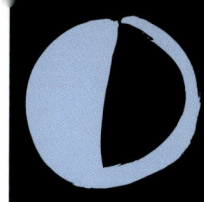

Venus nur in zwei Sonnenzeichen oder in zwei Sternzeichen beiderseits davon auf. Wenn Sie also ein kompromissloser Steinbock sind, kann die Venus gar nicht zum Ausgleich im fürsorglichen Krebs auftauchen.

Jede Sternzeichenbeschreibung enthält einen Abschnitt zur Venus und zu ihrem Einfluss. Sie erfahren, wie die Venus zu Ihrem Sternzeichen steht und an welchen Stellen sie Ihr Horoskop sonst noch beeinflusst. Das Ergebnis ist allerdings nicht immer hübsch.

Mars und sein Einfluss

Mars, der eher als Unruhestifter gilt, lässt Sie auf dem Schlachtfeld der Liebe Schüchternheit, Vernunft, Erziehung, Charaktereignung etc. vergessen und sich an jemanden heranmachen, der mindestens eine Nummer zu groß für Sie ist. Im falschen Moment ist Mars es auch, der Ihnen ein Vorstrafenregister verschafft. Eine Kurzinfo, wie Mars Ihr Sternzeichen beeinflusst, findet sich jeweils in den Unterkapiteln „Sex mit dem/der ...". Da Mars sich überall verstecken kann, ist auch hier ein Geburtshoroskop hilfreich. Wenn Mars in einem Zeichen steht, das nicht Ihr Sonnenzeichen ist, lesen Sie die Beschreibung zu diesem Sternzeichen. Sind Sie z. B. Löwe, und Ihr Mars steht im Wassermann, lesen Sie dort nach, warum es Sie so wenig stört, wenn Ihr Werben abgewiesen wird.

Der Planet Venus

Venus ist von der Sonne aus der zweite Planet, unser nächster Nachbar und der Erde am ähnlichsten. Innen auf der Überholspur umkreist sie die Sonne etwas schneller als wir. Viele Astrologen bezeichnen sie als Schwester der Erde und lassen sich darüber aus, wie harmonisch und erhaben sie fahl leuchtend neben uns hergleitet. Sie haben offensichtlich selbst nie eine Schwester gehabt! Venus ist eine Schlafmütze. Mit der langsamsten Rotationsrate des Sonnensystems benötigt sie 243 Erdtage, um sich einmal träge um ihre eigene Achse zu drehen. Das ist länger, als sie zur Umrundung der Sonne (225 Tage) benötigt. Zudem dreht sie sich im Gegensatz zu allen anderen Planeten im Uhrzeigersinn. Es verwundert kaum, dass sie (nach dem Mond) das hellste Objekt am Nachthimmel ist und zudem darauf besteht, als Morgen- und als Abendstern verehrt zu werden.

Der Planet Mars

Mars ist von der Sonne aus der vierte Planet. Er ist der grollende, rote Psychopath auf unserer Außenseite − und so ist die Erde auf ewig zwischen Liebe und Krieg gefangen! Der Mars ist nur halb so groß wie die Erde, doch das hilft uns wenig. Er schleicht mit halber Geschwindigkeit hinter der Erde her und benötigt fast zweieinhalb Jahre für eine Runde um die Sonne. Er kann also jedes Sternzeichen auf seiner langsamen Bahn genüsslich ein paar Monate lang quälen, und wir können ihn aus dem Augenwinkel immer gerade noch sehen. Seine beiden Monde heißen bezeichnenderweise Phobos (Furcht) und Deimos (Schrecken).

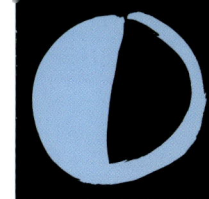

Die Göttin Venus

Die Venus ist der einzige wichtige Himmelskörper (daneben gibt es nur ein paar kleinere Monde und Asteroiden), der nach einer Göttin benannt ist. Die römische Göttin der Liebe und Harmonie ist die harmlosere Ausgabe der griechischen Göttin Aphrodite, die Männer (Götter wie Sterbliche) bereits zum Frühstück verschlang. Die Zielstrebigkeit und Leidenschaft, mit der die Göttin Venus den vielen Objekten ihrer Begierde nachstellte, wird bis heute bewundert und von landhungrigen Potentaten, Kapitalhaien und achtjährigen kulleräugigen Mädchen weltweit imitiert. Venus war die Tochter des Zeus. Man legte sich besser nicht mit ihr an – und das gilt auch heute noch.

Der Gott Mars

Der Planet Mars ist nach dem gleichnamigen römischen Gott des Krieges benannt. Der von der römischen Armee verehrte Gott war eine Mischung aus einem früheren Gott des Ackerbaus und des griechischen Kriegsgottes Ares – eines vorlauten, brutalen Angebers, dem seine Schwester Athene (Göttin der Weisheit und des Kampfes) aber mit Leichtigkeit den Rang ablief.

Vier nutzen den Vorteil

In der Liebe und im Krieg ist alles erlaubt. Stellt man sich Venus und Mars als Ball-königin und Ballkönig der Tierkreiszeichen vor, sind Widder, Stier, Waage und Skor-pion ihre besten Kumpel. Venus beherrscht Stier und Waage, während Mars den

Widder

Vorteil: Von Natur aus ein heißblütiger Liebhaber – zumindest meint er das, was meist auf das Gleiche hinausläuft.

- -

Dies ist ein maskulines kardinales Feu-erzeichen mit maximalem Yang. Es wird zudem von Mars in seiner eroberungs-wütigen, blutrünstigen Gladiatorenrolle beherrscht. So gehen Widder das Lie-besspiel mit dem unendlichen Selbst-bewusstsein eines selbst ernannten Alphamännchens an – auch wenn sie es nicht sind. Meist kommen sie damit sogar ungeachtet ihres Aussehens, Talents, Geldbeutels, Kleidungsstils und ihrer Persönlichkeit durch. Scheitern ist für sie keine Option. Abgewiesen, su-chen sie sich schlicht ein leichteres Opfer. Mürrisch sein, etwas bereuen oder sich entschuldigen – das kommt bei einem Widder nicht vor.

Stier

Vorteil: Er bekommt immer seinen Willen – und überhaupt alles, was er sich in den Kopf setzt.

- -

Dieses feminine fixe Erdzeichen wird von Venus in ihrer Rolle als Luxus-weibchen beherrscht. Stiere wissen genau, was sie wollen, und bekommen es auch – auch wenn sie es sich holen müssen. Sie zweifeln nie und können warten. Wenn ein Stier also jemanden ins Auge fasst, weiß er die „Ich lass dich nicht mehr los"-Göttin (Venus) an seiner Seite. Da er aber auch weiß, dass Liebe mit dem Geld schwindet, gibt er sich gar nicht erst mit kleinen Geschenken zufrieden. Sie werden nie erleben, dass ein Stier vor Liebe schmachtet oder einer verlorenen Liebe nachweint, denn wenn ein Stier jemanden will, gibt es kein Entrinnen.

Widder beherrscht und Einfluss auf den Skorpion hat. Wer also einem dieser vier Zeichen angehört, hat einen kleinen, aber feinen Vorteil im Spiel von Lust und Liebe. Das erscheint uns anderen zu Recht ein wenig unfair. Und zwar deshalb:

Waage

Vorteil: Sie weiß instinktiv, wie man aus purem Vergnügen verführt, und profitiert, ohne ihr Herz dabei zu verschenken.

Das maskuline kardinale Luftzeichen wird von Venus in ihrer launischen, manipulativen Stimmung beherrscht (ähnlich wie während des Wutanfalls, in dem Venus den Trojanischen Krieg anzettelte). Das erklärt den unwiderstehlichen Gigolo-Charme der Waage, mit dem sie (unabhängig vom Geschlecht) wirklich jeden ins Bett – oder in den nächsten Luxusladen – bekommt, sich genüsslich verwöhnen lässt, es sich dann anders überlegt und sich dem nächsten Passanten zuwendet – natürlich ohne jeglichen Anflug von Reue. Waagen weinen niemandem hinterher – schließlich möchte man für den nächsten Klienten gut aussehen.

Skorpion

Vorteil: Vollkommen zu Recht das begehrenswerteste Sternzeichen – im positiven wie im negativen Sinn.

Das feminine fixe Wasserzeichen wurde einst von Mars beherrscht (der Skorpion ist in jeder Gruppe der ruhige, coole Typ, der in die große Stadt zieht und sein Glück macht – in diesem Fall mit Pluto). Frühe Einflüsse prägen aber, und so können Skorpione sich bei Mars für den Meisterbrief im Geschlechterkampf und all die heiße Leidenschaft bedanken, die unter der eiskalten Schale brodelt. Hinzu kommt, dass dieses Sternzeichen die Geschlechtsorgane beherrscht. Skorpione geben das Zepter der Kontrolle nie ab, opfern sich in einer scheiternden Beziehung also auch nicht auf – außer natürlich, sie wollen es so.

Die Sternzeichen

Widder

21. März – 20. April

Keinen Bock mehr auf eintönige Beziehungen? Lust auf jemanden, der dich buchstäblich umhaut, dein Leben an sich reißt, sich mit psychopathischer Eifersucht unerbittlich zwischen dich und deine Freunde und Familie drängt und dich dann – ohne ersichtlichen Grund und wahrscheinlich in der Notaufnahme – fallen lässt? Sehr bestimmte/r, übermäßig selbstbewusste/r, selbst ernannte/r Actionheld/in, jederzeit und überall verfügbar, freut sich über jedes Energiebündel. Lebensumstände irrelevant – höre eh nicht zu. Melde dich nicht, wenn du auf romantische Abende bei Kamillentee und Schnulzenmusik stehst.

One-Night-Stand

Das ist der Liebeseinsatz der Wahl, wenn es nach dem Widder geht. Die Welt ist groß, und es warten noch Millionen, die es zu beglücken gilt. Der Partner darf sich glücklich schätzen: Nach Widder-Uhr ist eine Nacht eine verdammt lange Zeit – aus seiner Sicht schon fast eine Dauerbeziehung.

Zwei Jahre Liebe

Das klappt nur, wenn der Widder beim Militär (sehr wahrscheinlich) und lange im Auslandseinsatz ist oder als Lastwagenfahrer durch die Lande tourt. Dann sind es zumindest zwei Jahre auf dem Papier, auch wenn man nur 24 Stunden im selben Raum oder Bundesland verbringt.

Langzeitbeziehung

„Mission: Impossible!" Kein Widder hält so lange durch. An die Leine gelegt, bleibt ihm immer der drastische Ausweg (Herzinfarkt aus Wut, Selbstentzündung am Grill etc.), und es wartet – da er sich nie um Papierkram kümmert – auch keine fette Versicherungsprämie auf den hinterbliebenen Partner.

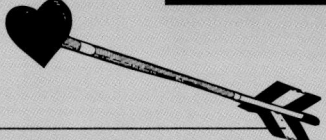

Verliebter Widder

Heißblütiger Jäger

Dass der Widder verliebt ist, entgeht keinem. Wie die jugendliche Hauptrolle in einem honigsüßen Musical schmettert er seine intimsten Gefühle jedem lauthals mitten ins Gesicht, um sie dann mit Unterstützung des Chors laut dröhnend auch dem Dümmsten aufs Brot zu schmieren. Er geht mit der Zielstrebigkeit eines Straßenkaters vor … und mit genauso viel Hingabe. Die Jagd – der Reiz, die Konkurrenz auszustechen – ist für ihn das Höchste. Wenn er gewonnen hat, wird er besitzergreifend, was aber nicht von langer Dauer ist. Obwohl er sich ständig auf das Heftigste verliebt, hält die Liebe meist nur kurz an – oft nur wenige Stunden später ist sie wieder erkaltet.

Klammeraffe?

In der kurzen Verliebtheitsphase schon, doch nach ein paar Tagen ist der Widder wieder auf der Fährte von Frischfleisch.

Sprücheklopfer?

Dinge zu versprechen, die er nicht halten will, wäre dem Widder zu viel Aufwand.

Schnorrer?

Der Widder liebt auf Augenhöhe. Zudem würde seine Energie jeden betagten Mäzen schon vor dem Ehevertrag ins Grab bringen.

Anmachsprüche

Etwas Persönliches zum Objekt der Begierde, geschweige denn etwas Kluges oder Originelles ist nicht angesagt, nur schlicht:
- ♥ Wie magst du deine Eier zum Frühstück?
- ♥ Ich, Tarzan!
- ♥ Haaalllooo!

Dates mit dem Widder

Der Kitzel der Jagd

Nichts liebt der Widder mehr, als zu jagen. Schließlich ist ein Date wie eine Pirsch in Gesellschaft. Kein Date zu haben geht schlichtweg nicht. Der Widder ist hartnäckig, taktlos und stuft gerne seine Ansprüche herab. Irgendwann gibt das Gegenüber auf, damit er endlich Ruhe gibt. Hat der Widder die Beute einmal erlegt, ist das Spiel auch schon halb vorüber. Den besten Kick gibt ihm die Jagd auf ein saftiges Zielobjekt in Konkurrenz mit dem besten Freund. Dem Kumpel den Preis vor der Nase wegzuschnappen macht ihn richtig an und hat umso mehr Wert, je verliebter der Konkurrent ist.

Das Problem ist nur, dass angesichts der Abschussrate irgendwann das Jagdwild rar wird. Deshalb ist der Widder Rabbi Yaacov Deyo, der Erfinder des Speed-Datings, unendlich dankbar für dieses zeitsparende System, das Masse und Umsatz aufs Vortrefflichste kombiniert.

Der Widder ist ständig auf der Pirsch, und Kenner wissen, dass er Umgebungen mit Feuer, Metall, Waffen, Autos, Schweiß und Gefahr liebt und gerne vor den Kumpels in der Stammkneipe mit seinen Eroberungen prahlt.

In der Werbungsphase ist sein Liebesfeuer fast erdrückend. Er bombardiert sein Zielobjekt mit riesigen Blumensträußen und sendet stündlich schmachtende Fotos aufs Handy. Oder er liefert als Fahrradkurier gigantische Stofftiere – mitten in die wichtige Abschlussbesprechung mit dem neuen Kunden.

Widder führen ihre Dates an ihre Lieblingsorte aus: in das Steakhaus, wo ihr Freundeskreis sich trifft, zum Stockcar-Rennen oder zum Metallica-Konzert. Sie übernehmen beim ersten Mal die Rechnung, natürlich in bar. Nach dem dritten Date melden sich Widder nicht mehr – warum auch?

Romantikbarometer

— glühend

— brennend

— heiß

— warm

— kühl

— kalt

— unterkühlt

Geschenke der Liebe

Widder haben den Ruf, extrem großzügig zu sein, da sie im Überschwang der Gefühle große und wertvolle Geschenke machen. Doch das Spiel funktioniert ganz anders: Wenn der Bruch erfolgt und man ihnen das Geschenk – den Ferrari, die Rolex etc. – angewidert vor die Füße wirft, haben sie längst, was sie wollen.

Im Internet

Trotz ihres rustikalen Umgangs mit der Hardware (die eine oder andere Tastatur geht schon mal zu Bruch) lieben Widder Cyber-Dates, da es ihrer Vorliebe fürs Dynamitfischen entgegenkommt: einmal zünden und sehen, was an die Oberfläche hochsteigt. Daher sind sie bei allen Date-Sites registriert, ganz egal, ob hetero oder homo. Und sie haben gerade MySpace entdeckt: Wie wunderbar, eine Seite nur über sie selbst! Leider geben sie in ihrem Lebenslauf die Wahrheit preis. Das Konzept des Marketings ist ihnen fremd.

21

Das macht den Widder heiß

Widder sind immer und überall bereit, sich den nächstbesten Partner zu schnappen, der gerade herumsteht – mehr als Atmen ist also nicht nötig. Taucht das Objekt der Begierde aber in Uniform (und sei es die des Pizzaservice) oder in einem Jeep auf, ist der Widder sofort Feuer und Flamme. Rollenspiele sind bei Widdern komplex: je authentischer, desto besser. Nachts, in Tarnkleidung im Wald, kann die „Waffenruhe" dann schnell zum heißblütigen Zweikampf ausarten.

Bettakrobatik

Immer oben! Geht das denn anders? Das ist direkt und einfach, und man kommt schnell wieder runter, wenn es Zeit ist zu gehen. Zudem kann man die Stoppuhr am Bettpfosten im Auge behalten und seinen persönlichen Rekord einstellen. Auch wer sich nicht regt, bekommt beim Widder garantiert ein Workout mit spezieller Stärkung der Oberarmmuskulatur. Jeder flache Untergrund – von Haus bis Heuschober – ist dem Widder recht (am Teppich aufgeschürfte Knie inklusive).

Sex mit dem Widder

Heftig und flott

Der Rest der Welt mag denken, dass Sex die erhabene Vereinigung von Geist und Seele, gepaart mit körperlicher Ekstase ist. Für den Widder ist Sex Extremsport – mit Training, Ausdauer, Wettkampf und natürlich einem Preis. Die Lust mindert weder seinen Ehrgeiz, noch bremst sie ihn. Widder schnitzen nun mal gerne Kerben in den Bettpfosten. Bei ihnen muss es härter und schneller und besser zugehen – und sie müssen immer „Erster" sein. Schließlich geht es doch darum aufzuessen, was auf dem Teller ist! Wird beim ersten Mal nicht alles vernascht, geschieht das aus Respekt vor den Defensivkräften des Gegners. Nach 24 Stunden Pause folgt der nächste Angriff, neu formiert und geballter. Für Bedauern reicht das Langzeitgedächtnis nicht. Konstant im Training, sind Widder allzeit bereit – und auch öfter mal in Behandlung wegen „Souvenirs" der unangenehmen Art.

Widder und Mars

Wie Sie wissen (siehe Seite 9), ist Mars der Herr der Triebe. An welcher Stelle Mars in Ihrem Geburtshoroskop auftaucht, entscheidet darüber, ob Ihr Sexualtrieb ein Trabbi, ein Golf oder ein Porsche ist. Der Widder wird vom Mars beherrscht. Stehen Ihr Mars und Ihre Sonne im Widder, sind Sie eine doppelläufige Sexmaschine mit Libido-Reservetanks – der reinste Triebtäter.

Sexspielzeug

Wofür? Die ganze Fummelei mit Handschellen und Honig hält doch nur auf. Der Vibrator hat keinen Saft mehr, seit er der Ducati Starthilfe geben musste. Für Geiselspielchen könnte der Nachbau eines Sturmgewehrs reizvoll sein.

Unverträglichkeitsliste

Widder gegen den Rest der Welt

Optimisten sagen, der Widder (Feuer- und Kardinalzeichen) passt am besten zu anderen Feuerzeichen (Löwe, Schütze), die ihn verstehen, und am schlechtesten zu Waage, Krebs und Steinbock (den anderen Kardinalzeichen, die Boss sein wollen). Wir aber zeigen, dass niemand so richtig zu ihm passt. Und zwar deshalb:

Widder und Widder Heiß, heftig und kurz; wenn die Munition ausgeht, wenden sich beide ohne bitteren Nachgeschmack neuen Opfern zu. Nur die Aufräumarbeiten dauern den Rest des Jahres an.

Widder und Stier Wissen Sie noch, was passiert, wenn unaufhaltsame Kräfte auf unbewegliche Objekte treffen? Eines von beiden muss nachgeben – vermutlich die Grundfesten des Universums.

Widder und Zwilling Dies ist die Vorlage zum Märchen „Die Schöne und das Biest". In diesem Zirkus kann man allerdings nur tot oder als Tanzbär enden, aber man kann kaum widerstehen.

Widder und Krebs Auch ein Kardinalzeichen, dessen Passivität den Widder zur Weißglut treibt. Das Drama nimmt seinen Lauf, sobald das Paar Freunden die ausgewählten Vorhangmuster zeigen will.

Widder und Löwe Ebenfalls ein Feuerzeichen, aber fix und daher ungeduldig, energiegeladen, stur und zielstrebig. Diesen Machtkampf könnte der Widder verlieren, da der Löwe cleverer ist.

Widder und Jungfrau Vor jedem Date eine Risikoanalyse vornehmen und sich ständig wegen Kleinigkeiten wie vergessener Geburtstage anmeckern lassen müssen – das kühlt Widder schnell ab.

Widder und Waage Wie Stanley und Stella in *Endstation Sehnsucht*: Die Waage setzt dem Widder so zu, dass er vergisst, dass sie a) sein Gegenpol und b) auch Kardinalzeichen ist – und an sein Geld will.

Widder und Skorpion Der Widder tut, was der Skorpion ihm sagt. Womöglich wird er eines Tages mit der Leiche der/des Skorpion-Ex zu Füßen auf frischer Tat ertappt und landet im Gefängnis.

Widder und Schütze Das letzte Feuerzeichen ist stur und ebenfalls ein Risiko-Junkie; es läuft gut, solange es hält, also bis beide die Klippen hinabstürzen oder im Kugelhagel untergehen.

Widder und Steinbock Als letztes Kardinalzeichen im Tierkreis eine Bedrohung, hat der Steinbock zum Glück nichts mit Widdern zu schaffen – die Versicherungsprämie könnte ja steigen.

Widder und Wassermann Die primitive Urtümlichkeit des Widders fasziniert den Wassermann ein paar Tage. Sobald er aber merkt, dass da wenig mehr ist, heißt es: zurück in den Brunnen.

Widder und Fisch Fische klammern sich am Widder fest, da er voller Tatendrang ist und sie schlaff sind. Sein Überlebenstrieb lässt ihn den Fisch schnell abschütteln, bevor es allzu häuslich wird.

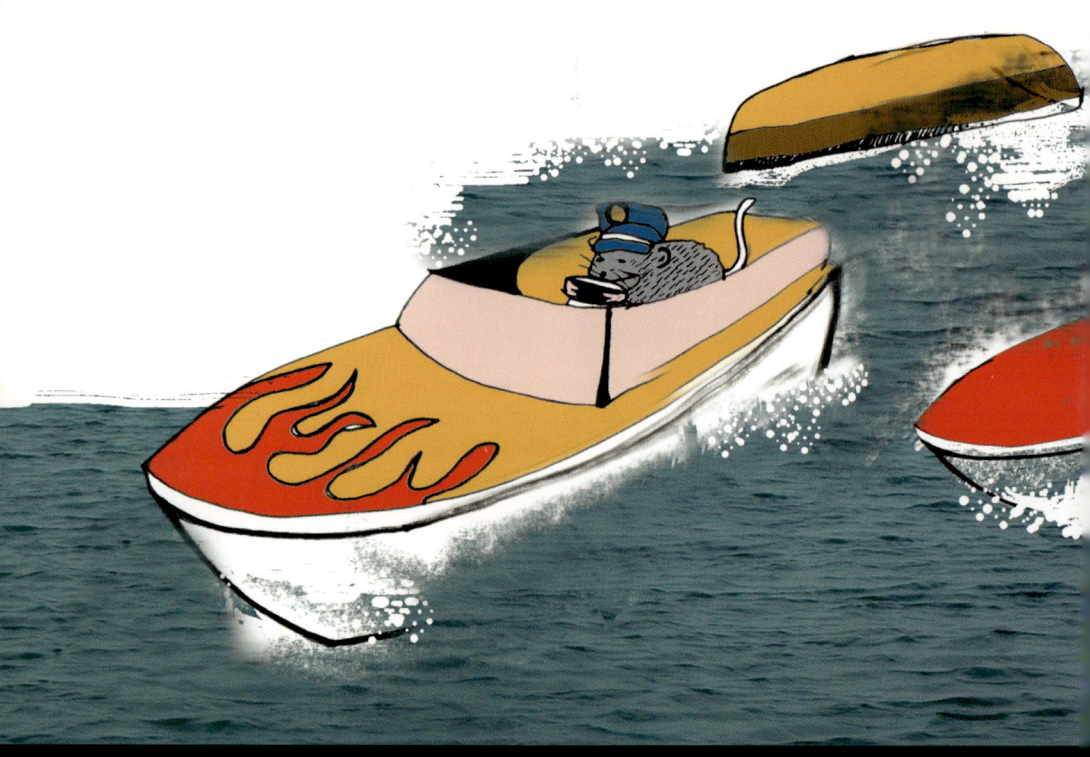

Treulose Tomate?

Von der schlimmsten Sorte: überaus kon-
kurrenzbewusst und gleichzeitig unsensibel.
Nur der Sieg, das Ausstechen von Rivalen
und das Stürmen unüberwindlicher Bastio-
nen zählen (z. B. ein Date in einer Höhle mit
einem Klaustrophobiker). Sobald die Trophäe
gewonnen ist, verliert der Widder das Interesse daran, zerbricht die Beziehung (damit
kein Rivale die Situation ausnutzt) und macht
sich ohne einen Blick auf die hinterlassenen
Scherben schnell aus dem Staub.

RACHE AM WIDDER

An alle anderen Tierkreiszeichen:
Verschwendet eure Zeit nicht mit
ausgeklügelten Racheplänen, um dem
Widder Schmerz zuzufügen. Kippt einfach Zucker in seinen Tank – ihr fühlt
euch besser, und er wird vor
Wut rasen und jeden beschuldigen,
nur nicht euch, denn die Affäre hat
er längst vergessen.

Treue Seele oder Betrüger?

Liebe am laufenden Band

Der Widder ist zwar ein Serienliebhaber mit extrem schnellen Partnerwechseln (manchmal stündlich), aber eigentlich kein bösartiger Betrüger. Er bindet sich intensiv, doch eben nur für Nanosekunden – er geht also eine Art Quantenbindung ein. Beziehungen mit ihm halten selten bis zum „Wir müssen reden"-Stadium. Das ist aber auch gut so, denn der Widder kapiert sowieso nicht, was man von ihm will. Wenn Widder jemanden abservieren, begründen sie es ausführlich, damit man auch versteht, wo man die Fehler gemacht hat und was man besser machen kann – Tipps, wie er sie selbst gerne hören würde, wenn er nicht schon perfekt wäre. Wird er allerdings betrogen, folgt er dem Betrüger mit Baseballschläger oder Samurai-Schwert, schon allein um seine Ehre wiederherzustellen.

Typische Widder-Ausreden

Keine Entschuldigung, keine Erklärung, keine Ausrede, keine Kapitulation. Er kommt zu spät, riecht verschwitzt, hat Knutschflecke und Kratzspuren. Na und? Er sagt nie: „Es liegt nicht an dir, sondern an mir", weil das nicht stimmt. Er sagt auch nicht „Ich brauche mehr Freiheit". Nein, er geht einfach.

Der Ehevertrag

Ein schriftliches Regelwerk wie einen Ehevertrag gibt es nicht, weil der Widder die Papiere sowieso verschlampt. Sein Partner sollte sich allerdings an folgende Regeln halten: jedem seiner Worte zustimmen, ihn nie kritisieren, alle wichtigen Entscheidungen ihm überlassen, ihn alles tun lassen, was er will, nie verlangen, dass er etwas auf Wunsch tut, niemals langweilig werden und keine Schwierigkeiten bei der Trennung machen.

Venus und Widder

Ausdauernder Liebhaber und Kämpfernatur

Der Widder kann Venus nicht entgehen, auch wenn er sich mit seinen Kumpels in der Kneipe versteckt. In der griechischen Sage wickelt Venus Mars leicht um den Finger – und Mars beherrscht den Widder. Deshalb lässt er sich ständig von der Lust in die Irre leiten. Es ist nicht seine Schuld, er ist schlicht Wachs in Venus Händen. Laut den astrologischen Gesetzmäßigkeiten (siehe Seite 8–9) steht seine Venus in Widder, Wassermann, Fische, Stier oder Zwillinge.

Berühmte Widder

Giacomo Casanova, 2. April 1725
Absoluter Superstar für Serienliebhaber. Durch viele Reisen sicherte er sich eine hohe Trefferquote: insgesamt 122.

Bette Davis, 5. April 1908
Streitlustige Hollywood-Diva mit starker Persönlichkeit, die ihr mehr half als konventionelle Schönheit. Sie meisterte vier Ehen und drei Scheidungen.

Venus im Widder

Hat der Widder zusätzlich die Venus im Widder, sind Schmauchspuren auf dem Laken, mehrere Verurteilungen wegen Stalkings und vielleicht wegen Entführung angesagt. Er bekommt, wen er will, und sei es mit Waffengewalt. Er ist SM-Fan: Handschellen, Peitsche, Schmerz etc. – und das schon, wenn er allein ist. Er verletzt seine Liebe immer.

Venus im Wassermann

Diese Konstellation bringt weniger Festnahmen mit sich, da der Wassermann ein Stück weit kühler ist und somit ein bisschen länger interessant bleibt. Der Widder ist klug genug, sich nicht mit wehenden Fahnen auf das Objekt seiner Begierde zu stürzen – vielmehr legt er Köder aus und stellt sich tot.

Venus in Fische

Venus ist die Königin der Manipulation, und die Hauptmanipulationsader durchzieht die Fische. Ein solcher Widder geht gewohnt forsch vor, täuscht aber ein paar alte Kriegswunden oder Duellnarben (wie romantisch) vor, um Mitleid und Bewunderung zu ernten. Er weiß, dass nichts verführerischer ist als ein verwundeter Held.

Venus im Stier

Venus beherrscht den Stier. Dieser Widder ist zwar zäh, möchte seine Beute aber schön und lebendig, nicht bereits erkaltet, wie Romeo. Aus diesem Grund schießt er also Betäubungspfeile ab, damit das Opfer im Liebesnest gefangen aufwacht.

Venus in Zwillinge

Bei dieser Konstellation juckt dem Widder der Finger am Abzug. Flirten kommt bei ihm einem Extremsport mit Bärenjagd, Fallschirmspringen, Waffenschmuggel oder der Befreiung eines Kleinstaats gleich – natürlich mit komplettem Bataillon. Im Kampf ist der Widder einfach unwiderstehlich.

Stier

21. April – 21. Mai

Auf der Suche nach Sicherheit? Lange Abende vor dem Kamin, vertraut zu zweit die Altersvorsorge und Ersparnisse vergleichend? Bist du gut aussehend, solvent und magst keine Veränderungen? Hartnäckiger Verfechter traditioneller Werte mit abgegrenzter Wohlfühlzone und einem Hang zu großer Beschaulichkeit würde gerne den besonderen Menschen kennenlernen, der lieber stehen bleibt, als voranzuschreiten, der Vorhersehbares und feste Abläufe liebt, der ein echter Gewinn in meinem Liebes-Portfolio sein möchte und sich umsorgen lassen will. Jeder Atemzug wird garantiert überwacht. Melde dich nicht, wenn du Schokolade oder gelegentliche Wutausbrüche nicht magst.

One-Night-Stand

Nur sehr junge Stiere sind dafür flexibel genug, denn dazu bedarf es Spontaneität und schneller Reflexe. Etwas nur ein einziges Mal zu tun ist ein völlig fremdes Konzept für sie – eine Investition ohne Rendite sozusagen. Wenn am zweiten Abend das Liebesobjekt nicht erscheint, macht sich Verzweiflung breit.

Zwei Jahre Liebe

Für den Geschmack des Stiers ist das fast zu schnell und zu heftig. Was sind schon zwei Jahre im Gefüge der Zeit? Gerade hat sich der Partner an seine Eigenheiten gewöhnt. Da wäre es doch Zeitverschwendung und geradezu flatterhaft, die endlich erreichte Gelassenheit der Routine zu zerbrechen.

Langzeitbeziehung

Das ist genau nach dem Geschmack des Stiers. Lasten im Kreis transportieren, Jahr für Jahr dieselbe Ackerfurche pflügen? Aber immer doch! Alles – inklusive Partner – ist fest verzurrt, Rosen umranken die Tür, der Gartenzaun ist immer in Schuss, und der einzige Ausweg aus immerwährender Liebe ist der Tod.

Verliebter Stier

Finden und behalten

Liebe ist nur ein anderes Wort für Reviererweiterung, die Ausdehnung der Besitzansprüche. Daher verliebt sich der Stier regelmäßig und bleibt verliebt, außer er wird heftig abgelenkt, wie etwa durch einen Meteoritenhagel. Jeder weiß, dass der Stier verliebt ist, denn er wird unerträglich selbstgefällig, er schmiegt sich ständig an sein Liebesobjekt, atmet heftig, fummelt dauernd an ihm herum und trägt sein Herz nicht so sehr auf der Zunge, sondern eher wie in einem Megaphon vor sich her. Am liebsten aber würde der Stier seinen Schatz wie ein Schmuckkästchen im Safe aufbewahren. Da das aber gegen die Menschenrechte verstößt, begnügt er sich damit, mörderisch eifersüchtig zu sein.

Klammeraffe?

Mit Auszeichnung! Flächendeckende Überwachung mit Sender im Ring – das ist keine Kontrolle, sondern nur die Sicherung der Investition.

Sprücheklopfer?

Schön wär's! Der Stier macht immer, was er sagt. Wer mag schon Überraschungen?

Schnorrer?

Nein. Der Stier stellt nur sicher, dass genug vorhanden ist, damit der andere nicht nach seinem Besitz trachtet.

Anmachsprüche

Der Stier bleibt beim Altbewährten aus seinen Jugendtagen:
- ♥ Welche Süßigkeiten magst du am liebsten?
- ♥ Soll ich dir meine Altersvorsorge zeigen?
- ♥ Na, wie geht's?

Dates mit dem Stier

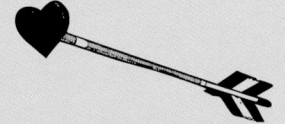

Lass uns essen gehen

Stiere bekommen immer ein Date – teils weil sie auf eine solide Art süß sind, aber hauptsächlich, weil sie extrem hartnäckig sind. Treffen sie jemanden, den sie mögen, gehen sie mit ihm wie mit einer ihrer Habseligkeiten um (Stiere lieben Besitztümer). Nichts und niemand kann sich ihnen in den Weg stellen. Sie rennen so lange gegen eine Tür, bis sie nachgibt, oder brüllen, bis sie bekommen, was sie wollen. Meist funktioniert es.

Dürreperioden in Sachen Liebe entstehen, weil der Stier seine vertraute Umgebung (in der er bereits mit allen ein Date hatte) ungern verlässt, um die neue heiße Single-Bar am anderen Ende der Stadt zu testen. Speed-Dating hilft da. Er ignoriert schlicht das „Speed" und konzentriert sich auf das Wesentliche. Mehr als zwei Minuten spannender Konversation in einer Nacht sind für ihn eh nicht zu machen, und er hat auch kein

Problem damit, 30 Hoffnungsfrohen hintereinander immer dasselbe zu erzählen. Dafür muss er noch nicht einmal das Lokal wechseln, und es gibt sogar etwas zu knabbern – einfach ideal.

Wer sich einen Stier schnappen will, geht am besten ins nächste Einkaufszentrum. Wer etwas mehr Stil erwartet, begibt sich in den angesagtesten Feinkostladen.

Diskutieren Sie nicht über die Wahl der Lokalität: Beim ersten Date geht der Stier in sein Lieblingsbistro. Da muss er nicht zahlen, sondern kann anschreiben lassen. Auch der zweite Abend findet dort statt (bei zwei Stieren kann das schon einmal Spannungen geben). Am dritten Abend geht es wieder in sein Lieblingsbistro und anschließend, mit eingepackten Resten, in seine leicht überheizte Wohnung. Ruft er wieder an? Klar, jeden Tag, immer zur gleichen Zeit, bis man seine Nummer wechselt.

Geschenke der Liebe

Die Wahl des Stiers ist traditionell, also Blumen oder Pralinen – auch wenn sein Date Heuschnupfen oder Diabetes hat. Reiche Stiere haben ein diskretes Arrangement mit einem Edelversand: Nach einem Treffer wird stets die gleiche Wahl an stilvollem Armband oder schönen Manschettenknöpfen als Danke-schön überreicht.

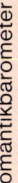

— glühend

— brennend

— heiß

— warm

— kühl

— kalt

— unterkühlt

Im Internet

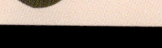

Der Stier gehört zwar nicht zu den Technikfreaks, liebt aber das Online-Dating, da er die Ware ganz gemütlich vom heimischen Sessel aus begutachten kann, auf dem Schoß eine Riesenpackung Eiscreme und in einer Hand ein Glas Chianti Classico. Das ist, als würde man den neuen großen Manufactum-Katalog durchblättern. Was die Partnerauswahl angeht, hat der Stier traditionelle Werte: Männer bezahlen und müssen reich sein, Frauen werden eingeladen und müssen schön sein. So weiß jeder genau, woran er bei diesem Sternzeichen ist.

35

Das macht den Stier heiß

Wenn auch etwas auf Äußerlichkeiten fixiert, ist der Stier leicht zufriedenzustellen. Fantasien sind nicht sein Ding, er braucht etwas Handfestes. Er wird schwach, wenn sich das Objekt seiner Begierde in Leder und Kaschmir hüllt, sein eigenes Massageöl mitbringt und ihm schmutzige Geldmarktbegriffe ins Ohr haucht: Offshore-Treuhandfonds, fremdkapitalfinanzierte Unternehmensübernahme, Valutenarbitrage. Auch ein luxuriös gefüllter Picknickkorb ist eine sichere Bank.

Bettakrobatik

Missionarsstellung, was sonst? Sie ist altbewährt und traditionell, man hat die Hände frei und kann jederzeit nach süßem Naschwerk greifen. Außerdem liegt man dabei und kann sich so langsam bewegen, wie man möchte. Liebhaber/innen, die ein wenig mehr Pepp und Spontaneität in die Sache bringen möchten, laufen beim Stier ins Leere. Da dient das Kamasutra nur noch als Untersetzer, damit der Eimer Schoko-Körperfarbe keine Flecken auf dem teuren Parkett hinterlässt.

Sex mit dem Stier

Langsam und gleichförmig

Angeblich sind Stiere im Bett sinnlich, verträumt und echte Naschkatzen. Wegen ihrer bewundernswerten Ausdauer und ihrer einzigartigen langsamen Gangart gelten sie als begehrte Liebhaber. Wer gerade Hochleistungssex mit einem Schützen hinter sich hat, weiß dies (zumindest eine Zeit lang) zu schätzen. Aber auch der hat irgendwann genug. Das Problem ist nämlich: Sobald der Stier einmal begriffen hat, wie es läuft (also in seinem Fall ruhig liegen und ein paar Stunden auf und ab bewegen), spult sich bei ihm nur noch dieses eine Programm ab. Lust und Frust trennen doch nur wenige Buchstaben. Der Stier merkt zwar, dass seine Partner nach den üblichen zehn Minuten einschlafen (das war also gar kein Luststöhnen, sondern Schnarchen!), aber das ist egal. So spart er sich das doofe Gelaber danach und kann ungestört zu Keksen und Kaffee greifen.

Stier und Mars

Mars ist der Herr der Triebe, wie wir auf Seite 9 gesehen haben. An welcher Stelle sich Mars im Geburtshoroskop zeigt, bestimmt darüber, ob Ihr Sexualtrieb Frikadelle, Steak, Tartar oder Filetsteak ist. Mars befindet sich im Stier in seinem Exil, was bedeutet, dass sein Einfluss geschwächt bis nicht existent ist. Stehen also Ihr Mars und Ihre Sonne im Stier, kann das nur gut sein, denn wer wird schon gerne von einem 400 Pfund schweren, lüsternen Fleischberg angesprungen?

Sexspielzeug

Schoko-Körperfarbe mag ein Klischee sein, aber Stiere lieben Klischees genau wie Körperfarbe – dick aufgetragen: Man kann sein künstlerisches Talent ausleben und bekommt mehr ab.

Unverträglichkeitsliste

Der Stier gegen den Rest der Welt

Optimisten meinen, der Stier (feminin, Erde, fix, oral fixiert) passt am besten zu anderen Erdzeichen (Jungfrau, Steinbock), die ihn verstehen, und am schlechtesten zu Löwe, Skorpion und Wassermann (den anderen Fixzeichen, die Starrsinn für eine Tugend halten). Wir aber zeigen, dass niemand so richtig zu ihm passt. Und zwar deshalb:

Stier und Widder Widder müssen einfach ausprobieren, ob der Quatsch mit dem roten Tuch funktioniert, weil es so lustig ist, den Stier vor Wut explodieren zu sehen. Wer braucht das?

Stier und Stier Jahrelang trotten sie in gemütlicher Rindereintracht nebeneinander her, bis der Streit darum entbrennt, wem der Schokoladenbrunnen gehört – dann folgt der Rosenkrieg.

Stier und Zwilling Der Zwilling als Matador sieht in seinem glitzernden Anzug blendend aus und macht Hackfleisch aus dem Stier. Der hat Glück, wenn er mit heiler Haut davonkommt.

Stier und Krebs Der Stier denkt, der Krebs sei zufrieden. Der aber leckt nur still seine Wunden, die er gar nicht mehr alle zählen kann, und haut dann seitlich ab, damit man nicht folgen kann.

Stier und Löwe Als weiteres Fixzeichen beansprucht der Löwe ebenfalls die Bühnenmitte und die Krone. Er überlässt dem Stier gnädig die Rolle des Impresarios und damit alle finanzielle Last.

Stier und Jungfrau Als veränderliches Erdzeichen ist die Jungfrau zappelig (wo der Stier doch Ruhe mag), zwingt ihm auch noch die eigenen Gewohnheiten auf und schleift ihn in fremde Restaurants.

Stier und Waage Trotz der gemeinsamen Herrscherin (Venus) kommt hier keine turtelnde Harmonie auf, sondern es wird bis aufs Blut darüber gestritten, wer die teure Bodylotion aufgebraucht hat.

Stier und Skorpion Als Gegenpol und weiteres Fixzeichen ist der Skorpion eifersüchtig und habgierig, wie der Stier. Man findet sie vermutlich gegenseitig erwürgt in einem Pool von Kekskrümeln.

Stier und Schütze Diese lauten Geräusche und plötzlichen Bewegungen machen den Stier nervös. Da ist es gut, dass der Schütze schon vor dem nächsten Wutausbruch auf und davon ist.

Stier und Steinbock Ebenfalls ein Erdzeichen, wird auch der Steinbock bei hochverzinsten Anlagekonten heiß. Doch er findet goldene Badarmaturen lächerlich und hält nichts von Luxus-Shopping.

Stier und Wassermann Der Wassermann als Fixzeichen ist ebenso stur wie der Stier, hat aber immer die konträre Meinung: Der eine sagt „Blau", der andere „Rot", der eine „Rechts", der andere „Links".

Stier und Fisch Jede Nacht erfindet der Fisch eine andere verwobene Geschichte, warum er zu spät kommt. Eines Morgens erwacht der Stier aus seiner Winterstarre und reißt ihm den Kopf ab.

Treulose Tomate?

Betrügereien sind nichts für den Stier. Was oder wen er einmal hat, lässt er nicht mehr los. Wird er dennoch einmal mit heruntergelassener Hose erwischt, hat ihn bestimmt ein Zwilling mit Schokolade und Rotwein verführt, um ihn um sein Vermögen zu bringen. Der Stier wacht erst auf, wenn sein wütender Partner die erpresserischen Filmchen bei *YouTube* entdeckt hat und alles zu spät ist.

RACHE AM STIER

An alle Sternzeichen: Verschwendet keine Zeit auf originelle Retourkutschen – alles Subtile geht am Stier völlig vorbei. Wer ihn richtig treffen will (schließlich bewegt sich das Ziel nicht), verschafft ihm mit einer in seinem Namen verfassten vernichtenden Kritik im Internet Hausverbot in seinem Lieb-

Treue Seele oder Betrüger?

Viel zu kompliziert!

Da der Stier träge und nicht sehr wendig ist, wenn es um Veränderungen geht, betrügt und verlässt er seine Partner selten. Zudem ist er schwer von Begriff, wenn er verlassen wird: Warum sollte auch jemand gehen wollen, mit dem er das Leben gerade erst so schön eingefahren hat, dass man noch nicht einmal mehr miteinander reden muss? Für den Stier bedeutet „Ich brauche mehr Freiraum" schlicht „Lass uns mehr Land kaufen". Er wird nicht gerne verlassen, denn das zerstört die alltägliche Routine. Rät ihm allerdings sein Finanzberater zur Trennung, bewegt er sich so lange nicht mehr und scharrt mit den Hufen, bis der Partner entnervt geht. Um nicht verlassen zu werden, legt er goldene Handschellen an. Viele Stiere kommen aber gar nicht erst in diese „Verlegenheit", da sie unter chronischer Bindungsangst leiden.

Typische Stier-Ausreden

Stieren fehlt es für Ausreden an Fantasie, und ihr Leben verläuft dafür zu eintönig. Sollte trotzdem einmal ein besonderes Sportereignis stattfinden, weiß der Partner bereits Bescheid (schließlich steht es im Terminkalender) und ist wahrscheinlich froh darüber, dass auch der Stier einmal andere Wege geht.

Der Ehevertrag

Ohne Ehevertrag bewegt der Stier sich nicht von der Stelle, noch nicht einmal zum zweiten Date. Er legt für die Dauer der Beziehung nicht nur die Besitzverhältnisse wasserdicht fest, sondern auch, was, wie und wo er und sein Partner essen, wo sie wohnen, wann sie Sex haben, wann sie Kinder bekommen werden – und wahrscheinlich auch, wann gestorben wird. Erst danach kann man sich entspannen.

Venus und Stier
Mächtige Aphrodite

Venus beherrscht den Stier (und die Waage, aber dazu später mehr). Taucht sie auf seiner Weide auf, dann in Form der griechischen Göttin Aphrodite, die sich alles nimmt, egal, wem es gehört. Der Göttin wird ein unstillbarer Hunger nach schönen Sterblichen, goldenen Äpfeln und vielem mehr nachgesagt. Für diese Macht auf seiner Seite sollte der Stier dankbar sein. Nach astrologischen Regeln (siehe Seite 8–9) steht seine Venus in Stier, Fische, Widder, Zwillinge oder Krebs.

Berühmte Stiere

James Brown, 3. Mai 1933
Selbst ernannte *Sex Machine* und God-father of Soul. Schon seit über einem halben Jahrhundert im Showbusiness, beweist James Brown, wie viel Ausdauer Stiere haben können.

Audrey Hepburn, 4. Mai 1929
Alias Holly Golightly in *Frühstück bei Tiffany*. Waffeln, Champagner, Diamanten und Perlen: Könnte das Leben noch reicher an Dingen sein, die Stiere lieben?

Venus im Stier

Steht beim Stier zudem die Venus im Stier, ist er die Klette in Person. Nichts wird ihn davon abhalten zu bekommen, was er will – auch wenn das Objekt der Begierde gar nicht möchte. Er treibt sein Opfer in die hinterste Ecke seiner Weide, überhäuft es mit Küssen, Schokolade und überteuerten Geschenken – nur damit es nicht merkt, dass es angebunden wird.

Venus in Fische

Diese Sternenkonstellation bedeutet manipulativ und veränderlich. Da der Stier aber Stier bleibt, betört er sein Opfer einfach mit Liebesbedürftigkeit, verführerischem Augenaufschlag und herzzerreißendem Blöken, bis es nachgibt – nur um dann mit dessen bestem Freund zum nächsten Feld zu traben.

Venus im Widder

Venus ist die Freundin des Mars. Steht sie also im Widder, wird das wahrlich ein glühendes Date. Hier wird der Gegner nicht durch Stillstehen und Hübschsein überwältigt. Dieser Stier senkt den Kopf und spannt die Muskeln. Das Gegenüber geht entweder aus dem Weg oder wird zerfetzt – dem Stier ist es gleich.

Venus in Zwillinge

Bei dieser Konstellation ist der Stier ein wenig flotter auf den Hufen unterwegs, was den Sex betrifft. Manchmal führt ein solcher Stier ein Date sogar in ein Restaurant aus, in dem er nur einmal vorher war. Einige dieser Stiere wechseln sogar alle paar Jahre den Anmachspruch.

Venus im Krebs

Gruselig: Diese Stiere sind Aphrodite und Glucke in einer Person. Für das heiße Date packt ein solcher Stier Pflaster und einen Wollschal ein, und sein liebstes Aphrodisiakum ist selbst gebackener Kuchen. Geht das Date schief, kann er den wenigstens zu Hause in aller Ruhe alleine verspeisen.

43

Zwillinge

22. Mai – 21. Juni

Bist du auf der Suche nach jemandem, der dich um den Finger und aus den Klamotten wickelt, um sie bei eBay zu verticken? Und der dein Geld viel stilvoller ausgeben kann, als du es dir träumen lässt? Bist du gerne Mauerblümchen und lässt dich bereitwillig hinters Licht führen? Faszinierender Schmeichler, der gerne mehrgleisig fährt, mit Charisma und hoher Glaubwürdigkeit sucht jemanden mit guter Kassenlage. Alter und Aussehen egal – bin mehr an deinen verborgenen Werten interessiert. Ruf mich Tag und Nacht an – bevorzugt bei Nacht. Was hast du schon zu verlieren?

One-Night-Stand

Lieblingssport des Zwillings. Irgendwo gibt es bestimmt einen Buchmacher für die Wetten, die Zwillinge darauf abschließen, wie lange sie vom ersten „Hallo" bis in die Horizontale brauchen und wie viele Aufrisse sie in einer Nacht schaffen – zwei bis drei Treffer müssten da schon drin sein.

Zwei Jahre Liebe

Ungern, denn für den Zwilling bedeutet das Tod durch Langeweile. Gezwungen (vielleicht durch eine überstürzte Wette), verleiht er dem Ganzen etwas Würze, indem er immer wildere Ausreden für seine nicht zu Hause verbrachten Nächte erfindet, und gibt sich selbst Punkte, wenn man ihm glaubt.

Langzeitbeziehung

Die Erfahrung sagt: „Du lieber Himmel, nein!" Doch mit einem etwas unorthodoxen Ansatz, wie der Parallelweltvariante, kommt auch der Zwilling weiter. Er sucht sich Partner in mehreren Städten, sagt, er sei Astronaut, Pilot, LKW-Fahrer, Seemann, Spion etc., und kommt vorbei, wenn es ihm passt.

VERLIEBTER ZWILLING
Was hat das mit Liebe zu tun?

Liebe bedeutet, dass man dem anderen die wichtigste Rolle im eigenen Leben zuspricht. Als ob ein Zwilling das jemals täte! Und dann soll er noch Herz und Seele öffnen und seine Geheimnisse teilen. Wie blöd muss man sein? Womöglich kommen auch noch gemütliche Abende zu zweit dazu. Als der beste Vortäuscher und Betrüger des Tierkreises führt der Zwilling mit seiner perfekten Inszenierung (kuhäugiger Blick, viel Kniegestrei-chel, tiefsinniges Seufzen, Gedichte über die Schönheit der/des Angebeteten) viele hinters Licht, aber aus ihm spricht nicht Liebe, sondern reine Lust. Er weiß das natürlich, und vielleicht würde man ihm sogar glauben, wenn er es zugäbe. Warum sollte er das also riskieren?

Klammeraffe?
Warum Zeit verschwenden? Hat der Zwilling sein Ziel erreicht, zieht er weiter. Schließlich ist das Meer voller Fische.

Sprücheklopfer?
Ja! Alles versprechen – die Sterne vom Himmel etc. –, dann nehmen, was man will, und abhauen, bevor es auffällt.

Schnorrer?
Was soll man tun, wenn der Partner einem die Unterschriftsvollmacht, die Rolex, den Safecode usw. praktisch aufdrängt?

Anmachsprüche

Der Meister der erfolgreichen Einzeiler; vermutlich werden sie gedruckt.
❤ Ich führe eine Umfrage durch: Was ist der schlechteste Anmachspruch?
❤ Welches Ende der Badewanne bevorzugst du?
❤ Hi.

Dates mit dem Zwilling

Immer auf Achse

Alles eine Frage des Geschicks: Für einen bunt gemischten Fang muss man seine Netze weit auswerfen. Das Talent des Zwillings ist, alle schön zappeln zu lassen, während er seine Wahl trifft. Sein Geschmack ist so vielfältig, dass er immer ein Date bekommt – wenn nicht sogar zwei oder drei pro Abend. Dank seines Smartphones koordiniert er geschickt Restaurant-, Theater- und andere Besuchstermine.

Wer mit dem Zwilling ausgeht, sollte ein volles Portemonnaie und Kreditkarten mitbringen, denn sein liebster Schachzug ist: „Ich wurde überfallen: Meine Kreditkarte und mein Porsche-Schlüssel sind weg." Dieser überzeugende Spruch, ein paar falsche Schrammen sowie theatralische Schmerzensstöhner garantieren die Essenseinladung und das Trösterchen danach. Warum also beim Speed-Dating zahlen, wenn es auch so geht?

Wer sich einen Zwilling schnappen will, muss sich einfach nur in Bars, Kasinos oder auf der Rennbahn herumtreiben und verfügbar aussehen. Der Zwilling wird ihn finden. Körpersprache ist praktisch seine Muttersprache.

Der Zwilling zieht gerne eine Show ab. Er führt das Objekt seiner Begierde in fremdsprachige Filme, zwielichtige Bars mit Transvestiten-Show (bei der Geschlechterwahl ist er oft unentschieden) oder zum Tango-Unterricht. So kann er über die Schulter des Tanzpartners hinweg noch mit anderen flirten. Anschließend geht es in die Wohnung des Opfers, denn der Zwilling ist entweder verheiratet oder konnte die Miete nicht bezahlen und schläft derzeit auf dem Sofa eines Freundes. Ruft er wieder an? Oft genug, um interessant zu bleiben. Schließlich weiß man nie, wann man mal wieder ein Bett für eine Nacht braucht.

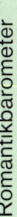

Romantikbarometer

- glühend
- brennend
- heiß
- warm
- kühl
- kalt
- unterkühlt

Geschenke der Liebe

Der Zwilling kauft zwar nie ein Geschenk, möchte aber dennoch faszinieren. Ist er reich, verschenkt er den Homer-Simpson-Schlüsselanhänger vom letzten Happy Meal. Ist er abgebrannt, gibt es das Bulgari-Shampoo seines Stier-Mitbewohners (das er später wieder mitgehen lässt). Es ist schließlich der Gedanke, der zählt.

Im Internet

Mit einer ranzigen W-Lan-Karte schummelt sich der Zwilling ins offene Netzwerk des Nachbarn, um seiner Online-Sucht nachzugehen. Schon früh hat er diese risikofreie Möglichkeit zur Erweiterung seiner Jagdgründe erkannt. Jetzt hat er so viele Avatare, Passwörter und Profile, dass er so lange mit einem Wassermann-Computerfreak flirten musste, bis der ihm eine Suchmaschine für sein persönliches Chaos geschrieben hat. Natürlich hat der Zwilling auch eine persönliche Website: www.rattenfaenger.com.

49

Das macht den Zwilling heiß

Wo soll man da anfangen? Zwillinge können selbst beim Ausleben wildester Sexfantasien noch wildere Sexfantasien haben. Während sie den eigenen Partner mit dem besten Freund filmen, träumen sie von Gruppensex mit der örtlichen Feuerwehr, den Wiener Philharmonikern oder dem FC Bayern. Der Zwilling liebt aber auch den Kick, erwischt werden zu können, und geht daher gerne auch einmal in der U-Bahn, im Konferenzraum oder in der Kirche zur Sache.

Bettakrobatik

Man muss flexibel bleiben, um den Massen zu gefallen. Daher hat der Zwilling keine Lieblingsstellung. Wo bleibt da die Überraschung? Es gibt nichts, was er nicht machen kann oder will – außer vielleicht still liegen. Hauptsache, viel Bewegung und die Möglichkeit eines Notausstiegs: also die Treppe rauf und runter, am Trapez ... Zwillinge bevorzugen Stellungen mit Blick nach vorne, damit sie schnell entwischen können. Zudem kann man so die Umgebung nach neuen Opfern abchecken.

Sєx mit dєm Zwilling
Er will doch nur spielen!

Kuschelige Nächte auf Satin mit nur einem Liebhaber sind nichts für den Zwilling. Sein Sexhunger kommt vom Kopf, nicht aus dem Herzen. Egal, ob Einzel, gemischtes Doppel, Sextett oder WM – für ihn ist alles nur ein Spiel. Und als Profi möchte er auch in die höhere Liga aufsteigen. Ohne Publikum oder Adrenalinrausch – das reicht ihm nicht. Deshalb ist er ja auch Gründungsmitglied im „Mach's auf dem K2"-Kollektiv und in der „Liebe im Marianengraben"-Gesellschaft. Sollte er einmal kein Freiticket zu einem exotischen Sexziel ergattern, ist er flexibel. Dann genügt ihm auch eine schlichte Orgie mit Menschen aller Gesinnungen und einem Eimer Majo. Falls ein paar Leute nicht auftauchen, lassen sich ja Verkleidungsspielchen improvisieren – wer würde nicht für einen Piraten mit Eyeliner dahinschmelzen?

Zwilling und Mars

Wie Sie wissen (siehe Seite 9), ist Mars der Planet des Durchsetzungsvermögens. An welcher Stelle er in Ihrem Geburtshoroskop herumjoggt, entscheidet, ob Sie nur große Reden schwingen oder dem Ganzen auch Taten folgen lassen. Steht Ihr Mars im Zwilling und in der Sonne, sind Sie draufgängerisch, körperbetont, erfinderisch und experimentierfreudig, lieben Sex also gerne in aller Öffentlichkeit – vermutlich auf der Rollbahn in Heathrow.

Sexspielzeug

Das gesamte Sortiment: Handpuppen, Promi-Masken, Farben für spontane Körperbemalungen, Sprungseile und natürlich der kleine Doppelvibrator für die Handtasche – man weiß ja nie!

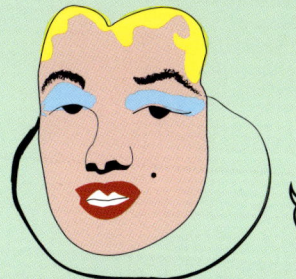

Unverträglichkeitsliste

Der Zwilling gegen den Rest der Welt

Optimisten meinen, der Zwilling (maskulin, Luft, veränderlich, Lügner) passt am besten zu anderen Luftzeichen (Waage, Wassermann) und am schlechtesten zu Jungfrau, Schütze und Fischen (den anderen veränderlichen Zeichen, die Launen für gut halten). Wir aber zeigen, dass niemand so richtig zu ihm passt. Und zwar deshalb:

Zwilling und Widder Selbst einmal abserviert? Für Zwillinge ein heilsamer Schluck der eigenen Medizin – aber ohne süßen Nachgeschmack. Man bleibt befreundet, schließlich sind Widder nützlich.

Zwilling und Stier Schon von der Begrüßung ist der Zwilling gelangweilt, doch der Stier lässt sich so gut steuern und kocht so fein, dass der Zwilling zu lange bleibt und plötzlich verheiratet ist.

Zwilling und Zwilling Was für ein Zufall. Beide sind vorübergehend verarmte Trustafarians auf der Suche nach Liebe in dieser kalten Welt. Und wie blöd beide gucken, wenn die Schecks platzen!

Zwilling und Krebs Der Zwilling tut dem Krebs nur einen Gefallen. Der wird schließlich gerne verlassen und mies behandelt. Warum also schuldig fühlen? Er hat es doch genau so gewollt!

Zwilling und Löwe Wie leicht! Der Zwilling verspricht, einen Star aus ihm zu machen, und der Löwe schnurrt. Wird die Diva schließlich lästig, räumt der Zwilling das Konto und verdrückt sich.

Zwilling und Jungfrau Beide veränderlich, beide mit Herrscher Merkur: Die Jungfrau erstickt jedes Fremdgehen des Zwillings mit Vergeben und Vergessen. Es gibt kein Entrinnen.

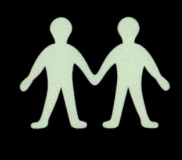

Zwilling und Waage Gegen dieses kardinale Luftzeichen mit noch größerem Absahnerinstinkt kann der Zwilling nicht gewinnen. Aber er bleibt für eine Lehrstunde in angewandtem Flirten.

Zwilling und Skorpion Nichts für den Zwilling. All seine kunstvollen Ausreden und Betrügereien verpuffen im bohrenden Blick des Skorpions, und er gesteht sogar Dinge, die er noch gar nicht getan hat.

Zwilling und Schütze Es läuft glorios, wie mit Butch und Sundance. Fast bedauert es der Zwilling, abzuhauen und den Schützen alles ausbaden zu lassen. Aber was will man machen?

Zwilling und Steinbock Strengt sich der Zwilling an (igitt!), hat er die Chance, das herrschsüchtigste Sternzeichen irrezuführen. Nur immer schön an den fürstlichen Unterhalt denken.

Zwilling und Wassermann Ebenfalls ein Luftzeichen, aber mit viel mehr Kraft ausgestattet, durchschaut der Wassermann alle Lügen und verwirrt den Zwilling, indem er stets die Wahrheit sagt. Das ist einfach zu viel.

Zwilling und Fisch Der Fisch ist viel arglistiger als der Zwilling. Er bricht nicht sein Herz, verletzt aber durch sanfte emotionale Erpressung dessen Stolz als Verführungskünstler.

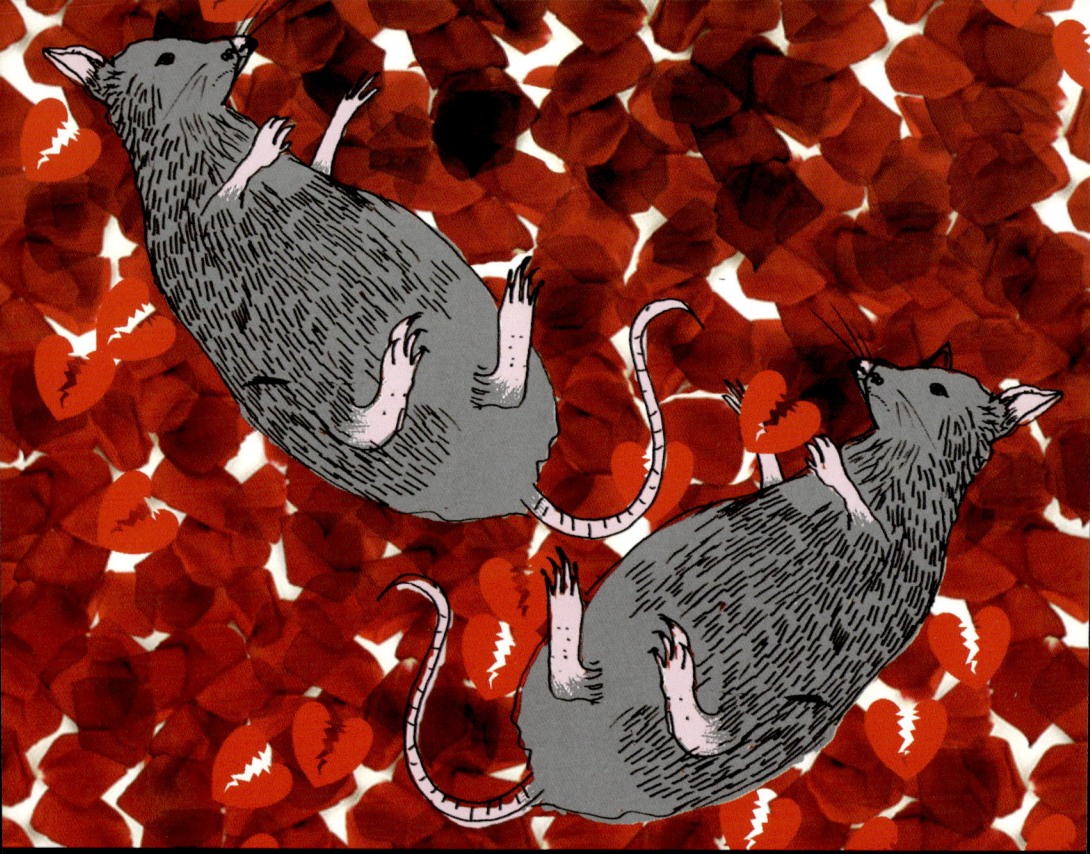

Treulose Tomate?

Egal, wie viele Liebschaften der Zwilling am Start hat, er hält sie alle schön bei Laune. Schließlich sind gut gefüllte Speicher und ein warmes Bett in jedem Hafen doch nur sinnvoll, oder etwa nicht? Wird es dem Zwilling dennoch einmal zu viel, mutiert er zum großen Ekel und hofft, dass einige seiner Liebsten noch genügend Selbstachtung besitzen, um ihn fallen lassen. Dann gibt er sich herzzerreißend zerstört und bekommt die Hälfte der Wohnung.

RACHE AM ZWILLING

An alle anderen Sternzeichen (außer Skorpion): Der Zwilling ist zu schlau, als dass er Rache zuließe. Auf dem Gebiet ist er Meister. Die SIM-Karten aus all seinen Handys zu klauen würde ihn nur kurz aufhalten. Besser, man wendet sich von ihm ab und genießt die Vorstellung, wie einsam er im Alter sein wird.

Treue Seele oder Betrüger?

Es passiert ganz von selbst

Verliebten Fröschen kann der Zwilling nicht widerstehen. Was kann er dafür, wenn sie sich als langweilige, hübsche Prinzen oder Prinzessinnen herausstellen, die zurück in den Brunnen gehören? Das ist allemal besser für sie. Der Zwilling leidet nun einmal an KFS (Kongenitalem Flirt-Syndrom) und hält ständig über die Schulter der derzeitigen Flamme nach etwas Süßerem oder Reicherem Ausschau. Oder nach jemandem, der ihm einen Job besorgt. „Langzeit" und „Beziehung" passen für ihn genauso gut zusammen wie „Kuh" und „Schlittschuhlaufen". Bindung ist, wenn er sich auf drei bis vier Partner beschränkt, die er dann – aber nur einmal die Woche – alle gleichzeitig betrügt. Zudem kann er allen erzählen, dass er umtriebig ist. Keiner glaubt ihm, denn alle träumen davon, der Grund zu sein, warum er sesshaft wird.

Typische Zwilling-Ausreden

„Tut mir so leid, dass ich deinen Geburtstag verpasst habe. Mein alter Schulfreund brauchte eine neue Niere. Letzte Woche habe ich eine Reihe von Tests durchlaufen, doch ich komme leider nicht infrage." Meisterlich! Zeigt aufrechte Selbstlosigkeit und macht jede Beschwerde zunichte.

Der Ehevertrag

Der Ehevertrag wird von einem befreundeten Zwillings-Anwalt aufgesetzt: bunte Kordeln, imposante Siegel und viel Latein. Das Kleingedruckte sichert dem Zwilling Schadensersatz für jegliche Klage wegen Betrugs, vorsätzlicher Lügen, Vertragsbruchs, Vernachlässigung, Feuer und Diebstahls zu, verpflichtet ihn aber zu nichts. Wer hinschaut, bemerkt, dass er falsch unterschrieben hat: Kaiser Franz-Joseph.

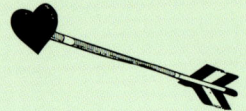

Venus und Zwilling
Schmeichler vor dem Herrn

Merkur, Herrscherplanet des Zwillings, hat die Göttin der Liebe verführt, obwohl er 1. ihr Halbbruder und 2. nur der Bote war. Das passiert, wenn Verführer auf Blondine trifft. Beide zusammen ergeben eine unwiderstehlich verführerische Kombination, die eine Spur gebrochener Herzen quer durch alle Sternzeichen hinterlässt – selbst wenn Venus sich scheu in einem anderen Zeichen versteckt. Aufgrund astrologischer Regeln (siehe Seite 8–9) steht die Venus beim Zwilling in Zwillinge, Widder, Stier, Krebs oder Löwe.

Berühmte Zwillinge

Marilyn Monroe, 1. Juni 1926
Entflammt bis heute weltweit die Herzen, obwohl sie schon mehr als 45 Jahre tot ist. Wer würde nicht gerne eine Nacht mit Norma Jeane verbringen?

Marquis de Sade, 2. Juni 1740
Nicht nur ein Sexathlet von Weltrum mit eigenem „…ismus", sondern auch Autor, der all seine Fantasien niederschrieb – weshalb wir ihn heute noch kennen. Was hilft es, heiß zu sein, wenn keiner es weiß?

Venus in Zwillinge

Steht beim Zwilling auch noch die Venus im Zwilling, ist er der Großmeister im Flirten. Fürchtet er, dass die vier Verlobten, fünf Gatten und 39 Untermieterliebschaften zweifeln könnten, ob noch sie allein sein Herz besitzen, wirft er den Verführungsweichspülgang an und besticht sie alle mit Liebesbeweisen aus dem Großhandel.

Venus im Widder

Steht die Venus im Widder, ist sie mit ihrem alten Freund Mars vereint, was dem Zwilling Kampfeslust und Zielstrebigkeit verleiht. Seine Liebschaften absolvieren eine harte Erotikschule, um die Besten zu sein. Sexspiele bringen jede Menge Kollateralschäden mit sich.

Venus im Stier

Da die Venus auch der Herrscherplanet des Stiers ist, hat dieser Zwilling eine sehr solide Rückendeckung, was ihn absolut selbstsicher macht. Bei dubiosen Gewinnspielen hat er jede Menge Liebesnester gewonnen und lockt unachtsame Opfer mit gefälschten Banknoten und Cartier-Repliken an.

Venus im Krebs

Dieser Zwilling liebt nicht nur wie eine Mutter (böse Bilder im Kopf!), er benimmt sich auch so. Er peitscht die/den Geliebte/n mit seiner Schürze Richtung Bett, und gerade, als sie/er denkt: „Wow, heißer Feger", ist der Zwilling beleidigt, weil sie/er seinen selbst gebackenen Kuchen nicht angerührt hat.

Venus im Löwen

Zum Erhalt der Dynastie ist der Zwilling verheiratet, aber als Blaublüter hat er ein separates Liebesleben. Gerne nimmt er sie in kleinen Gruppen als Huldigung kleinerer Königreiche entgegen. Gefällt ihm ein Exemplar, heiratet er vielleicht noch einmal. Monogamie ist doch nur etwas für das gemeine Volk, nicht aber für den vielseitigen, flexiblen Zwilling!

Krebs

22. Juni – 22. Juli

Launischer, angstbesessener Griesgram sucht hinreißendes, weltgewandtes, talentiertes und reiches Liebesobjekt zum Anschmachten aus der Ferne. Insgeheim wünsche ich mir jemanden, der die schlechten Seiten des Lebens mit mir teilt. Wenn du gern den Mond anheulst, alles sorgenvoll hinterfragst und alte Wunden leckst, wärst du perfekt – dann möchte ich dich nicht kennenlernen, denn es würde doch alles schiefgehen. Ich glaube nicht, dass jemand antwortet, wenn aber doch, hinterlass keine Nachricht, ich melde mich eh nicht. PS: Die Anzeige war Mutters Idee. Sie meint, es wäre an der Zeit auszuziehen.

One-Night-Stand

Das passiert dem Krebs hin und wieder, denn im großen Ganzen ist es leichter, einfach einmal „Ja" zu sagen, wenn jemand gar nicht aufgibt, und es hinter sich zu bringen, als sich auf die Rangeleien einzulassen, die andere so lieben. Der andere wird ihn eh verlassen, warum sich also unnötig quälen?

Zwei Jahre Liebe

Es dauert beim Krebs rund zwei Jahre, bis er sich so sicher fühlt, dass er dem Partner eröffnet, man könne es ja einmal miteinander versuchen. Spätestens nach dieser Zeit ist der andere meist überzeugt, dass der Krebs wohl doch kein Interesse hat, und löst sich aus dessen Klammergriff.

Langzeitbeziehung

Ja klar! Der Krebs lässt niemanden gerne ziehen, krallt sich also bevorzugt an diese Gelegenheit. Die Beziehung muss auch nicht unbedingt glücklich sein, denn sonst hat er ja gar nichts, worüber er jammern und klagen kann – und die gesamte Country- und Western-Musik wäre plötzlich über Nacht verschwunden.

Verliebter Krebs
Liebe muss weh tun

Der Krebs ist immer verliebt, nur bekommt es keiner mit (nicht einmal der/die Auserwählte). Hat er keine geheime, verborgene Liebschaft, betet er eine völlig unerreichbare Person (verheiratet, berühmt, fiktiv, tot) an. Unerwiderte Liebe ist die beste Liebe, denn sie bietet Aufstiegsmöglichkeiten zu höchstem Märtyrertum, und man wird nie enttäuscht. Denn liebt der Krebs eine echte Person, muss er sich ständig Sorgen machen, wann der andere endlich erkennt, wer er wirklich ist, und ihn natürlich verlässt. Um dem geliebten Menschen das Gehen zu erleichtern, gibt der Krebs die Glucke: steckt Vitamin-Fruchtspieße in den Mojito, missbilligt die Freunde und füttert ihn, bis die Arterien platzen.

Klammeraffe?
Nein. Der Krebs verdrückt sich lieber, bevor das Objekt der Begierde ihn noch bemerkt und ihn womöglich anspricht.

Sprücheklopfer?
Nein, aber seine angeborene Unnahbarkeitsstrategie wird oft als Herausforderung verstanden und gibt Punktabzug.

Schnorrer?
Nein, aber er ist mildtätig gegen Alte und schlichtere Gemüter. Was kann er dafür, dass es exzentrische Milliardäre sind?

Anmachsprüche
So etwas hat der Krebs nicht. Wer will schon mit ihm reden? Seine Strategie:
- ♥ Er steht neben dem Objekt der Begierde und ignoriert es demonstrativ.
- ♥ Er geht nach nebenan.
- ♥ Er geht.

61

Dates mit dem Krebs

Das Pflänzchen Rühr-mich-nicht-an

Dates mit dem Krebs sind zum Scheitern verurteilt, denn er hat einen unheilbaren Hässliches-Entlein-Komplex. Er würde nie mit jemandem ausgehen, der mit so etwas wie ihm ausgeht. In kurzen, schwachen Momenten, wenn ihm dann jemand gefällt, verlässt der Krebs sofort das Land oder versteckt sich hinter seiner Schere, sitzt ganz still und wartet, dass der andere den ersten Schritt macht. Denn von dieser rätselhaften Erscheinung fasziniert, muss der/die Angebetete ihm doch einfach folgen. Das ist eine Art Qualitätskontrolle: Wer ihn wirklich will, kämpft sich durch alle Verteidigungslinien, um an den lieblichen Kern zu kommen. Passiert das nicht, führt der Krebs seinen Tanz lieber allein im Dunkel auf.

Speed-Dating ist für ihn die Hölle. Als wäre es nicht schon schlimm genug, zwei ganze Minuten über sich selbst sprechen zu müssen – da sind es ganze 30!

Will jemand wirklich mit ihm ausgehen, findet er ihn in den dunkelsten Ecken oder auf Partys in der Küche. Hat er ein Date, kommt er immer zu spät (der andere kommt ja doch nicht, und er will nicht blöd herumstehen). Er geht gern in Kinos, Theater, kleine Kunstgalerien, Spezialbuchläden oder an den Strand – Hauptsache, man kann nebeneinandersitzen/-stehen und gemeinsam etwas ansehen. So muss man sich nicht unterhalten. Ist das Gegenüber auch Krebs, wird das ein langer Abend, denn beide warten, dass der andere das Gespräch eröffnet.

Schafft der Krebs es bis zum dritten Date, geht er nie zu sich, denn er will nicht, dass der andere weiß, wo er wohnt – außerdem sieht es bei ihm übel aus, und alles ist voller Katzenhaare. Ruft er wieder an? Natürlich nicht! Er sitzt aber am Telefon und wartet auf einen Anruf, um dann panisch aufzulegen.

Romantikbarometer

- glühend
- brennend
- heiß
- warm
- kühl
- kalt
- unterkühlt

Geschenke der Liebe

Wahrscheinlich sein alter Lieblingsteddy. Im Grunde hinterlässt der Krebs Duftmarken. Geht alles schief, kann er zu Hause sitzen und seinen Verlust bejammern, und der andere lebt mit der ständigen Erinnerung – falls er nicht so hartherzig ist und den Teddy in den Müll wirft. Zweite Wahl ist ein Blech frischer Napfküchlein.

Im Internet

Der Himmel auf Erden! Der Krebs sitzt sicher im heimischen Chaos, Schokolade und Musik beruhigen die Nerven, und er sucht im Web mit der schönen Gewissheit nach Liebe, dass – sollte der/die Eine dabei sein – er ihn/sie nie von Angesicht zu Angesicht treffen muss. Live-Chatrooms sind nichts für ihn – das ist fast wie im echten Leben! Dating-Seiten, auf denen man alle Kandidaten sehen kann, sie einen aber nicht, befriedigen hingegen seinen kleinen inneren Voyeur aufs Feinste. Er ist zu ängstlich, sein eigenes Foto einzustellen.

63

Das macht den Krebs heiß

Gebraucht zu werden macht den Krebs richtig an. Deshalb ist eine seiner schönsten Fantasien der verwundete Partner, der dem fürsorglichen Klammergriff nicht entrinnen kann, mit attraktiven Narben und einer leichten Verletzung, die ihn ans Bett fesselt. Dazu braucht er nur noch viel Stehvermögen, denn die Heilbehandlung des Krebses besteht in stundenlangem, gut geöltem Sex, bei dem er nicht unterscheiden kann – und will –, ob der andere aus Lust oder Schmerz stöhnt.

Bettakrobatik

Meist strikt Missionarsstellung: Das hat Tradition, ist bequem und vertuscht peinliche Pölsterchen. Der Krebs hat die Dinge von unten unter Kontrolle und kann sich verstecken, falls jemand hereinplatzt. Zudem verleiht die Opferhaltung ein wohliges Gefühl. Am liebsten auf dem Küchentisch mit einem Auge auf das Soufflé und ansonsten nebeneinander – entweder wie Löffelchen im Picknickkorb oder am Strand auf dem Rücken, in die endlose Leere des Universums schauend.

Sex mit dem Krebs

Immer schön geschützt

Die Vorstellung von Sex mit einem Panzerwagen ist wenig einladend (außer für Widder, die auf alles Militärische stehen). Vorspiel heißt, den Krebs stundenlang aus seiner Schale locken. Dabei trennt er die Spreu vom Weizen, denn nur echte Interessenten halten durch. Scharfsinnig hat der Krebs erkannt, dass er echte Anwärter mit Gratifikationsaufschub so lange bei der Stange halten kann, dass er sich festklammern kann, was das eigentliche Ziel der Übung ist. Was ihn angeht, ist das Leben für tantrischen Sex nicht wirklich lang genug. Er kann es so langsam angehen, dass viele Partner einfach aufgeben, einschlafen oder verschwinden. Aber sich zu schnell regen könnte seinen Panzer beschädigen, und außerdem ist der Krebs sowieso nicht wendig genug, um komplizierte Kamasutra-Verrenkungen oder beispielsweise Kronleuchterakrobatik durchzustehen.

Krebs und Mars

Wie wir wissen (siehe Seite 9), ist Mars der zupackende Planet. Wo er im Geburtshoroskop auftaucht (oder sich niederlässt), bestimmt, ob man passiv, aggressiv oder beides ist. Der Krebs weicht lieber seitlich aus, was die Marschroute des Mars komplett ändert. Steht zudem nicht nur sein Mars, sondern auch die Sonne im Krebs, ist er empfindsam und forsch zugleich – er liebt also heißen, scharfen Sex, aber der sollte verdammt noch einmal etwas bedeuten.

Sexspielzeug

Viel zu peinlich, und Rollenspiele sind nichts für Krebse. Samtbänder zum Festbinden des Partners, eine Katze (Standard), Mascarpone und Teigspachtel – schließlich braucht der Panzer Kalzium.

65

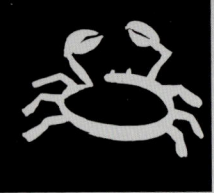

Unverträglichkeitsliste

Krebse gegen den Rest der Welt

Optimisten sagen, der Krebs (feminin, Wasser, Kardinal, passiv-aggressiv) komme am besten mit anderen Wasserzeichen (Skorpion, Fische) aus, die ihn verstehen, und am schlechtesten mit Waage, Steinbock und Widder (den anderen Kardinalzeichen, die gern obenauf sind). Wir aber zeigen, dass niemand so richtig zu ihm passt. Und zwar deshalb:

Krebs und Widder Gepanzertes, wie der Krebs, ist ein Magnet für Widder, und als weiteres Kardinalzeichen spielt er sich gerne als Boss auf. Einfach im Panzer abwarten, bis dem Widder die Luft ausgeht.

Krebs und Stier Der Krebs lässt niemals los – und der Stier auch nicht. Sie passen zwar nicht zusammen und streiten andauernd, aber man braucht kampferprobte Anwälte, um sie zu trennen.

Krebs und Zwilling Der Krebs liebt es, wenn der Zwilling ihn in einer Bar ewig warten lässt und nicht anruft, um abzusagen. Er hält ihn perfekt in Schmachtangst – der Krebs wird ihn nie verlassen.

Krebs und Krebs Katastrophal – das ergibt ein ewig langes, mürrisches, unbehagliches Schweigen, das erst endet, wenn einer von beiden stirbt – und manchmal auch dann noch nicht.

Krebs und Löwe Perfekt! Wie ein Mond dreht sich der Krebs um diesen Himmelskörper und sonnt sich in dessen Glorienschein. Noch besser ist, wenn der Löwe einen anderen Partner hat.

Krebs und Jungfrau Bis zum dritten Date beim Krebs zu Hause lief alles gut. Doch dann blies die Jungfrau die Kerzen aus (Feuergefahr!), ließ das Schaumbad ab (Hautreizung!) und duschte nur kalt.

Krebs und Waage Ebenfalls Kardinal-zeichen, ist die Waage womöglich eine Falle. Der Krebs spürt, wie sie ihn dirigiert, umdreht und aus seinem Panzer lockt – und es macht ihn unglaublich sauer.

Krebs und Skorpion Sie stehen sich als Wasserzeichen nahe. Doch der Skorpion ist machtlos, denn er wird dem Krebs nie ein so wohliges Gefühl der Armselig-keit vermitteln können wie der sich selbst.

Krebs und Schütze Klopft der Schütze mit Flugtickets nach Rio zwischen den Zähnen ans Fenster und sagt: „Lass uns abhauen!", schubst der Krebs ihn hinunter – es kann schließlich nicht gut gehen!

Krebs und Steinbock Als letztes Kardi-nalzeichen ist der Steinbock wohl nur mit dem Krebs zusammen, um sich auf des-sen Schale stehend erhabener zu fühlen. Welchen Grund sollte er sonst haben?

Krebs und Wassermann Wie kann sich der Krebs mit jemandem einlassen, der ihm erklärt, dass sein Trübsinn mit der Tageslichtmenge, dem Serotoninspiegel und der Gehirnchemie zusammenhängt?

Krebs und Fisch Das letzte Was-serzeichen ist die Nemesis des Krebses, lässt ihn Männchen machen, benutzt ihn nach Laune als Mami, Liebhaber, Bank oder Anwalt. Der Krebs ist wehrlos.

67

Treulose Tomate?

Im Gegenteil. Abservieren wäre brutaler, ginge aber schneller. Der Krebs klammert sich an seinen Partner. Stirbt die Liebe, zieht er nicht klagend ab; nein, er hakt die Schere um die Leitungen des Lebenserhaltungssystems und umsorgt den Partner bis ans Sterbebett. Der / die Ex muss auswandern, jemanden anderen heiraten, ins Kloster gehen oder sterben, bevor der Krebs akzeptiert, dass es vorbei ist – und selbst dann will er die Sterbeurkunde sehen.

RACHE AM KREBS

Es ist so einfach, den Krebs zugrunde zu richten, dass sich niemand damit aufhält. Wer den Panzer knacken will, sagt dem örtlichen Immobilienmakler, die Wohnung des Krebses sei zu verkaufen, oder schickt ein peinliches Video von ihm an die nächste Pannenshow im Fernsehen. Er wird sich ewig schämen.

Treue Seele oder Betrüger?
Wie kann man jemanden vermissen, der nicht geht?

Der Krebs betrügt nur selten, denn er hat zu viel Angst, erwischt zu werden (bei dem Sicherheitswahn fast undenkbar …) und auf Konfrontation gehen zu müssen. Da leidet er lieber. Man stelle sich nur vor: Er hat eine Beziehung und trifft jemand anderen. Das ist die einmalige Gelegenheit, gleichzeitig vor Kummer zu zerfließen und treu am heimischen Herd zu bleiben. Noch besser ist nur, die zweite Geige zu spielen. Krebse beiderlei Geschlechts leiden am Mätressensyn-

drom, der Sucht nach dem stechenden Schmerz allein unterm Weihnachtsbaum mit dem Telefon, das nicht klingelt, und der E-Mail, die nicht kommt. Sie machen nie Schluss, sondern werden noch mürrischer, launischer und deprimierter, sodass der Partner schließlich geht. Dann hat der Krebs endlich wieder einen Grund, vor Sehnsucht zu vergehen.

Typische Krebs-Ausreden

Sie kommen immer als Brief, SMS oder E-Mail, denn die direkte Auseinandersetzung (auch am Telefon) scheut der Krebs. Überhaupt, warum sollte jemand sauer sein, wenn er nicht zum intimen Date erscheint? Schließlich wurde er doch sowieso nur aus Mitleid oder als Lückenbüßer eingeladen, oder?

Der Ehevertrag

Der Krebs liebt Sicherheit, hasst aber Verträge. Also setzt er den ungeschriebenen Ehevertrag durch schmallippige Stille und Anfälle perfekter Erinnerung durch, bei denen er sich der wildesten Versprechungen von vor tausend Jahren entsinnt. Bedingung ist z. B., dass man sein Tagebuch nicht liest, immer weiß, was er will, ohne dass er es sagen muss, und niemals den Satz sagt: „Ach, da passiert schon nichts!"

69

Venus und Krebs
Rivalität unter Geschwistern

Der Mond ist Herrscherplanet des Krebses und hat mit Artemis (Diana) seine eigene Göttin. Sie ist die Schwester der Aphrodite (Venus). Und was für ein Zickenkrieg das sein kann, weiß jeder. Einmal teilen sie den Lippenstift, im nächsten Moment kratzen sie sich die Augen aus. Venus ist launisch, der Mond hat mörderische Gemütsschwankungen, und zusammen entwickeln sie synchrones PMS. Laut astrologischer Gesetze (siehe Seite 8–9) steht die Venus beim Krebs in Krebs, Stier, Zwillinge, Löwe oder Jungfrau.

Berühmte Krebse

Diana, Prinzessin von Wales, 1. Juli 1961
Nach der Göttin des Mondes (und der Jagd) benannt, führte der Weg die fürsorgliche Prinzessin der Herzen doch auf die dunkle Seite der Märchenwelt.

Ernest Hemingway, 21. Juli 1899
Schmallippiger, griesgrämiger Stoiker, den alle als „Papa" kannten und der beim Sex die Geräusche von plattentektonischen Verschiebungen aufnahm – oder war das nur das Krachen seines eigenen Panzers?

70

Venus im Krebs

Steht die Venus beim Krebs zusätzlich im Krebs, ist er die Fürsorge in Person. Jeder ist von seiner unerschütterlichen Loyalität und Aufopferung gerührt – bis auf das arme Objekt der Liebe. Es hat schon den Ausbruchversuch inklusive zweiter Heirat und Amnesie unternommen und ist diesen Gefängniswärter der Liebe doch nicht losgeworden.

Venus im Stier

Diese Konstellation macht Venus noch besitzergreifender. Dieser Krebs ist der absolute Liebestyrann, der der Boulevardpresse Schlagzeilen wie „Verschmähter tötet Geliebte und sich selbst" liefert (natürlich mit einem liebevoll selbst gebackenen vergifteten Kuchen). Niemand verlässt ihn ohne seine Zustimmung.

Venus in Zwillinge

Bei dieser Konstellation ist der Krebs nicht ganz so kulleräugig und motzt vielleicht sogar seine Schale auf (auch wenn die nächste Flut das wieder abwäscht). Selten krabbelt er sogar hinaus und wagt im Dunkeln ein zaghaftes Flirten – beim ersten Anzeichen von Liebesgefahr kann er ja zurückkrabbeln.

Venus im Löwen

Diese Venus lässt den Krebs größenwahnsinnig werden. Er hält sich für eine Königskrabbe, lauert hinter Felsen und springt seine ahnungslosen Opfer an. Mit seiner großen Schere schlägt er sie besinnungslos und schleift sie dann in seinen Palast am Meer.

Venus in der Jungfrau

Steht die Venus in der Jungfrau, muss die ganze Lust irgendwie sublimiert werden. Dieser Krebs setzt sie in selbstsüchtige Wohltätigkeit um. Er sucht am Strand einen Hilfsbedürftigen, lockt ihn mit Kräutertee und Sympathie in seine Höhle und benutzt ihn ein Leben lang als Sandsack, der ihm etwas schuldet.

Löwe

23. Juli – 23. August

Bist du gut genug? Erstklassige Gelegenheit, dein Liebes- und Sexleben aufzuwerten. Ich (aufgrund eines lächerlichen Buchungsfehlers des Exmanagements unerwartet verfügbar): gut aussehend, umwerfend, erfolgreich, klug, hochbegabt, Alphatierchen der Spitzenklasse und absoluter Überflieger. Du: schön – nur nicht ganz so wie ich –, gut gekleidet, reich, dankbar. Wenn du auch noch unterwürfig bist und gute Kontakte zur High Society hast (Hollywood, Rockstars, Donald Trump, *Vogue*, Fürsten- und Königshäuser etc.), melde dich, und meine Leute melden sich bei dir, sobald dein Foto auf Echtheit überprüft ist.

One-Night-Stand

Das ist Teil der Öffentlich-
keitsarbeit des Löwen. Es ist
seine königliche Pflicht, sich
für möglichst viele einfache
Leute zu interessieren. Also
mischt er sich in Verkleidung
unters Volk, um herauszufinden, ob ihn alle angemessen
huldigen und lieben. Das
ist auf jeden Fall besser, als
kellnern zu müssen.

Zwei Jahre Liebe

Der Löwe würde ja gerne
länger bei der/dem Liebsten
bleiben, aber keiner erträgt
auf Dauer diese unstete,
spielerische, angeberische
und nach Publikumsgunst
heischende Art, bei der jeder
wichtiger ist als der eigene
Partner. Eigentlich bringt es
ihn zum Weinen, aber wer will
schon verheult aussehen?

Langzeitbeziehung

Niemand setzt freiwillig den
Hauptdarsteller eines Kas-
senschlagers vor die Tür oder
verschmäht einen avisierten
Thronfolger. Zur Not kann der
Herrscher ja irgendwo sein
„Recht der ersten Nacht"
einfordern oder sich mit der
Zweitbesetzung irgendeines
Hinterhofstücks vergnügen
gehen, oder etwa nicht?

Verliebter Löwe

Die ganze Welt ist eine Bühne

Was ist schon die Liebe, wenn nicht die Chance, im Rampenlicht zu stehen, große Arien über sich selbst und darüber zu schmettern, wie sehr der Löwe diese schöne, junge „Wie hieß sie noch?" anbetet. Muss die grausame Welt nicht Platz für diese Liebe schaffen, die alle Widrigkeiten übersteigt? Der Löwe regiert die Herzen und ist daher immer verliebt (besonders in sich selbst). Alle Welt scheint nur einen Partner zu lieben, und er braucht eben das Gefühl, stets von allen geliebt zu werden – er, der Meister der großen theatralischen Gesten. So schwört er gerne, alle sieben Meere zu durchschwimmen, den höchsten Berg zu erklimmen etc. – aber niemals, den Müll hinauszubringen.

Klammeraffe?

Er ist nun mal ein Löwe, und die Verfolgung liegt ihm im Blut! Doch ist die Beute erlegt, ist der Reiz der Jagd schon vorbei.

Sprücheklopfer?

Für einen großen Auftritt würde er alles versprechen, und zur Not beruft er sich einfach auf sein königliches Hoheitsrecht.

Schnorrer?

Was ist denn falsch an einer Verbindung, in die er Schönheit und Unverfrorenheit und der andere das Geld mitbringt?

Anmachsprüche

Abgedroschen wie ein Herbstfeld, aber immer lässig vorgetragen:
- ♥ Warum kommst du mich nicht zu Hause besuchen?
- ♥ Heute ist dein Glückstag.
- ♥ Ich kann dir 'nen Backstage-Pass besorgen!

Dates mit dem Löwen

Am liebsten Gruppentherapie

Ohne Dates geht der Löwe ein, denn er braucht Tonnen an Bewunderung, allein um atmen zu können. Selbst er erkennt, dass ein einzelner Mensch so viel bedingungslose Zuneigung nicht spenden kann, und sorgt für Lastenverteilung. Seine gewöhnliche Beute sind gelangweilte Kinder reicher Eltern, Models etc. Er hat aber auch eine Schwäche für mittellose, niedliche Aushilfskellner/innen, weil sie so dankbar sind. Ihnen gegenüber gibt er sich gerne als Gönner.

Speed-Dating hat er aus Jux schon einmal ausprobiert, ist dann aber auf den Tisch gesprungen und hat sich gleich allen präsentiert, was irgendwie am Thema vorbeiging. Publikum kann er einfach nicht widerstehen – und gleich 15 haben ihn angekreuzt.

Solange sein Gegenüber süß genug ist, kann beim Löwen jedes Sternzeichen wegen eines Dates vorsprechen. Der Löwe ist ein Promi (oder promisüchtig) und immer auf den angesagtesten Veranstaltungen, Preisverleihungen, Wrap-Partys und Spendengalas zu finden, wo er seinen Charme versprüht. Wer das Vorsprechen übersteht, darf ihn auf der großen Bühne anschmachten und ihm gebührend huldigen. Anschließend geht es in sein Lieblingsrestaurant, wo er am Fenster sitzt, das Essen für beide aussucht und dem anderen erklärt, was er von dem Stück zu halten hat.

Der Löwe wartet gerne das dritte Date ab (so hat er mehr Zeit zum Prahlen) und nimmt die Opfer immer mit zu sich nach Hause – das ist größer und stilvoller, und außerdem hat der andere bestimmt zu wenig Licht und Spiegel. War das Opfer unterwürfig genug, ruft der Löwe auch wieder an, sobald er einen freien Termin findet. Man soll Fans schließlich nicht enttäuschen.

Romantikbarometer

— glühend

— brennend

— heiß

— warm

— kühl

— kalt

— unterkühlt

Geschenke der Liebe

Natürlich ein handsigniertes Foto vom Löwen (nur ein kleines, man ist ja nicht eitel), das der andere immer bei sich tragen kann. Wenn es ernst werden sollte, bekommt der Partner das Bild in groß und im Goldrahmen – und natürlich schickt der Löwe sogar jemanden mit, der das Bild fachgerecht aufhängt.

Im Internet

Für den Löwen die ideale Plattform zur Selbstdarstellung. Er hat einen Live-Podcast aus seinem Schlafzimmer, und seine Handy-Kamera ist für stündliche Updates mit einer seiner Websites verbunden. Mit schmuddeligen Chatrooms und Dating-Seiten hält er sich nicht auf. Auf seinen beiden Sites hat er Fanbereiche, wo hoffnungsfrohe Anwärter Bild und Lebenslauf einstellen können (Langweiler werden sofort per Spam-Filter gelöscht). So kann er in Ruhe aussortieren und sich „bei Gelegenheit" melden.

77

Das macht den Löwen heiß

Gesehen werden. Was bringt eine oscar-
reife Vorstellung, wenn sie keiner sieht? Also
heuert der Löwe ein paar Voyeure mit Digital-
kameras an. So eine Liveshow lockt nicht
nur viel Publikum an, nein, man kann sich
beim Sichten des Filmmaterials beim Herum-
machen zusehen und gleichzeitig ein wenig
fummeln. Bei Rollenspielen sträubt sich dem
Löwen das Fell vor Vorfreude – besonders
wenn er sich auspeitschen lassen kann, weil
er doch so ein „böser, böser Löwe" war!

Bettakrobatik

Faul und eitel zugleich, strebt der Löwe nach
Stellungen, die bequem sind und ihn gut
aussehen lassen. Obenauf ist daher nicht
gut, wenn das letzte Lifting schon etwas her
ist. Stehend fallen kleinere Schlaffheiten weniger auf. Beim Löffelchenliegen kann er sich
immer von seiner besten Seite und mehreren
Bewunderern gleichzeitig erkenntlich zeigen.
Solange genügend Spiegel da sind und er
sein Aussehen kontrollieren und sich bewun-
dern kann, ist alles in bester Ordnung.

Sex mit dem Löwen

War ich nicht wundervoll?

Wer sich auf eine Nacht mit dem Löwen einlässt, muss wissen, dass es nur um Show und Bewunderung geht. Schließlich muss man für intime, feurig brennende und sich verzehrende Leidenschaft nicht alleine sein, oder? Unter „intim" versteht der Löwe: nur er und sein Partner – und der Maskenbildner, der Hairstylist, der Aromatherapeut, der Guru für die Aura, der Fitnesstrainer, die Kameracrew und ein paar Handlanger. Der Löwe nimmt seine Rolle sehr ernst, stählt seinen Körper und übt alle Bewegungen mit seinem Personal Trainer. Doch in der entscheidenden Nacht ist er so mit sich selbst beschäftigt, dass er nicht merkt, dass sein Partner eingeschlafen ist. Dann schmollt er, denn der andere kann ihm mit den schönen Karten, die er extra vorbereitet hat, jetzt gar keine Haltungsnoten mehr geben, und mit Applaus und „Zugabe"-Rufen ist auch nicht zu rechnen.

Löwe und Mars

Wie wir wissen (siehe Seite 9), ist Mars der Yang-Planet. Wo er im Geburtshoroskop herumstolziert, bestimmt, ob jemand *cojones* hat und wie groß sie sind. Der Löwe ist das Sternzeichen mit dem meisten Yang. Steht also sein Mars zudem in Löwe und Sonne, brennen die Laken. Dann geht es schnell, hart – und äußerst ausdauernd – zur Sache, Schätzchen!

Sexspielzeug

Das ist kein Spielzeug, das sind leistungssteigernde Requisiten und Kostümteile: Netzstrümpfe, Strapse, Samtaugenbinde und eine Peitsche gehören dazu!

Unverträglichkeitsliste

Der Löwe gegen den Rest der Welt

Optimisten sind davon überzeugt, der Löwe (maskulin, Feuer, fix, selbstherrlich) käme am besten mit anderen Feuerzeichen (Schütze, Widder) aus und am schlechtesten mit Skorpion, Wassermann und Stier (den anderen Fixzeichen, die den Eigensinn gepachtet haben). Wir aber zeigen, dass niemand so richtig zu ihm passt. Und zwar deshalb:

Löwe und Widder Der Widder ist gegenüber der durchgestylten Feuerstelle des Löwen ein wütendes Inferno. Der wird zwar gern angebetet, doch wer ihm die Haare versengt, muss gehen.

Löwe und Stier Als Fixzeichen weigert sich der Stier, den Löwen in der Öffentlichkeit angemessen anzuhimmeln, obwohl der ihn doch ziert. Ohne die Goldkarte würde der Löwe ihn abservieren.

Löwe und Zwilling Die Schmeicheleien des Zwillings und seine VIP-Freunde (Zwillinge kennen Gott und die Welt) sind dem Löwen doch wichtiger, als stets der Mittelpunkt des Universums sein.

Löwe und Krebs Die Ersatzmutti, die hinter dem Löwen herräumt, ihn tröstet, wenn er nicht genügend beachtet wird, und ihm alle Wünsche erfüllt, ist toll – aber mit ihr gesehen werden möchte er nicht.

Löwe und Löwe Ehen zwischen exaltierten Stars funktionieren nie: Burton und Taylor, Lopez und Affleck, Löwe und Löwe – zum Scheitern verurteilt, denn im Rampenlicht ist nur Platz für einen.

Löwe und Jungfrau Geht kaum: Die Jungfrau schneidet seine Haare, ruiniert seinen Stil und bremst seinen Enthusiasmus. Wie soll man eine Fleischbeschau in einer veganen Saftbar abhalten?

Löwe und Waage Die Könige der
Antike hatten Hofschranzen, und die waren wahrscheinlich alle Waagen. Sie sind
Profi-Götzenanbeter – aber auch ganz
schnell weg, wenn der Thron wackelt.

Löwe und Skorpion Vom Bauch
her weiß der Löwe, dass zwischen ihm
und dem Skorpion ein Machtkampf tobt,
wundert sich aber, warum dieser immer
gewinnt, obwohl er doch viel besser ist.

Löwe und Schütze Gegenüber dem
Flächenbrand dieses Feuerzeichens ist
der Löwe nur ein Herdfeuerchen. Dates
mit Schützen enden immer mit derangierten Haaren und auf der Polizeiwache
– zu würdelos!

Löwe und Steinbock Der Steinbock
genießt das Ansehen des Löwen, der
mag die Bewunderung und den Geruch
des Geldes – bis er merkt, dass es nicht
für ihn ausgegeben wird.

Löwe und Wassermann Auch der
Wassermann ist ein Fixzeichen. Beim ersten (und letzten) Date hat er den Löwen
ganz bewusst in eine dunkle Kellerbar
geschleppt, wo keiner ihn sehen konnte.

Löwe und Fisch Der Löwe pickt sich
den Fisch heraus, weil dieser so duldsam
und gefügig wirkt und er selbst gern
den Gönner für Randgruppen spielt. Aus
Rache plaudert der Fisch dann bei Beckmann aus dem Nähkästchen.

Treulose Tomate?

Ist der Reiz verflogen und die Glut erloschen, ist es dem Löwen schlicht zu viel, dem Partner zu sagen, dass er/sie nun passé ist. Wird der/die Ex lästig und ruft weiter an, lässt der Löwe es per SMS ausrichten oder gibt es als Meldung an die Klatschpresse. Kurz einmal verstoßen zu werden, tut denen nämlich gut. Nimmt der Löwe sie später gnädig wieder in seinen Charmezirkel auf, strengen sie sich immerhin doppelt so viel an, ihm zu gefallen.

RACHE AM LÖWEN

Man nutze Snobismus, Eitelkeit und Geltungssucht des Löwen. Das wird kostspielig, lohnt sich aber. Setzen Sie Paparazzi auf seinen langweiligen Nachbarn an, die ihn total ignorieren, tauchen Sie als sein peinlicher Cousin beim nächsten Charity-Dinner auf, und buchen Sie seinen Friseur für ein Jahr im Voraus aus.

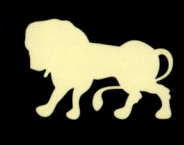

Treue Seele oder Betrüger?

Der Löwe ist Alleinherrscher

Es werden Köpfe rollen, wenn die Leute weitererzählen, der Löwe sei verheiratet, und daraus ein Problem machen. Er wollte nicht heiraten, und außerdem war er damals noch jung und hatte seine Strategie der romantischen Karibik-Hochzeit ohne juristische Folgen nicht ausgearbeitet. Aber das soll ihn ja nicht aufhalten. Er ist nun einmal so großartig, dass es praktisch seine evolutionäre Pflicht ist, sich umtriebig zu zeigen. Zudem bestimmt er hier die Regeln, also kann er unmöglich betrügen. Lacht der/die Geliebte nicht mehr über seine Witze, lässt sich die Haare unvorteilhaft schneiden, kritisiert ihn, nimmt einen Job bei Aldi an oder ist mit seiner Filmwahl nicht einverstanden, kann er den Partner laut Regel 406 auch ohne Vorwarnung fallen lassen. Welcher Löwe ist schon so albern zu glauben, dass er selbst einmal abserviert wird!

Typische Löwe-Ausreden

Auftritt Löwe, stinksauer: „Wie kannst du nur glauben, dass ich so etwas jemals tun könnte?" *Stolziert armfuchtelnd hin und her.* „Ich bin zutiefst verletzt und enttäuscht!" *Den Tränen nahe.* „Wenn du mir nicht vertrauen kannst, ist es aus!" *Große Geste! Dramatischer Abgang. Applaus. Oscar.*

Der Ehevertrag

Tolle Idee! Er liebt königliche Erlasse. Kann er Goldtinte verwenden? Der Löwe ist zwar eine selbstverliebte Diva, aber auch gerissen: Alle Geldangelegenheiten verstecken sich im Kleingedruckten am Vertragsende. Viel wichtiger aber sind die Klauseln, die regeln, wie viele Stunden ungeteilte Aufmerksamkeit pro Tag und wie viele Geschenke pro Stunde ihm zustehen und ihm zusichern, nie unrecht zu haben.

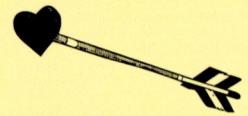

Venus und Löwe
Totale Sonnenfinsternis

Die Sonne (Herrscherplanet des Löwen) ist der Stern unseres Sonnensystems und versprüht Yang, Taten- und Führungsdrang. Als Sonnengott Helios ist der Löwe der Star an Venus Seite. Wo sie zusammentreffen, bleibt dem Rest der Sternzeichen nur der Neid. Sie sind das goldene Herrscherpaar, das regiert, aber sich niemals mit dem einfachen Volk mischt. Aufgrund astrologischer Regeln (siehe Seite 8–9) kann beim Löwen die Venus nur in Löwe, Zwillinge, Krebs, Jungfrau oder Waage stehen.

Berühmte Löwen

Napoleon Bonaparte, 15. August 1769
Triumph des Glaubens an sich selbst: von null auf Kaiser in 35 Jahren und genauso berühmt als Liebhaber. Wer schreitet nicht gern vom Schlachtfeld direkt ins Bett?

Mae West, 17. August 1893
Ungestüme Leinwandgöttin, die Drehbücher umschrieb, um ihre Rollen bedeutender und präsenter zu machen, sich junge Adonisse als Filmpartner aussuchte und ihre Karriere aus Sex und Pomp schmiedete.

Venus im Löwen

Steht Venus beim Löwen zusätzlich im Löwen, ist er besonders herrisch, fordernd, kostspielig und schlicht unmöglich. Das sollte abschreckend genug sein, aber der Tierkreis steckt voller verblendeter, willenloser, serviler Unterwürfiger, die es kaum erwarten können, seine Peitsche zu spüren. Er tut ihnen den Gefallen nur, wenn sie mächtig und reich sind und ihn gut aussehen lassen.

Venus in Zwillinge

Besitzt Venus, wie in dieser Konstellation, den maximalen Flirtfaktor, lässt der Löwe alle Würde sausen und wird zum Kuschelkater. Er sieht so hinreißend aus, dass sich seine Bewunderer duellieren, nur um seinen herrlichen Pelz streicheln zu dürfen.

Venus im Krebs

Bei dieser Glucken-Mutter-Konstellation wird der Löwe zum äußerst fürsorglichen König. Er hält seine Lieben in einem goldenen Käfig, der vollgestopft ist mit herrlichem Fettfutter, damit sie ja nicht wegfliegen können. Zur Sicherheit stutzt er ihre Flügel zusätzlich noch mit der goldenen Schere.

Venus in der Jungfrau

Dieser Löwe ist – unabhängig vom Geschlecht – jungfräuliche Königin: überkritisch, nicht zufriedenzustellen und von grenzenloser Macht. Niemand ist gut genug; Waghalsige, die vorübergehend seine Gunst haben, sterben qualvoll an den Schnitten seiner scharfen Zunge.

Venus in der Waage

Venus steht hier in einem ihrer Sternzeichen und ist daher eher herrschsüchtig als kokett und nachgiebig. Bei dieser Promi-Ehe fliegen vorn die Küsschen, hinten die Messer, man stiehlt sich bei Liebesszenen schamlos gegenseitig die Schau und kämpft bis aufs Blut um die bessere Gage und den Platz vor dem Schminkspiegel.

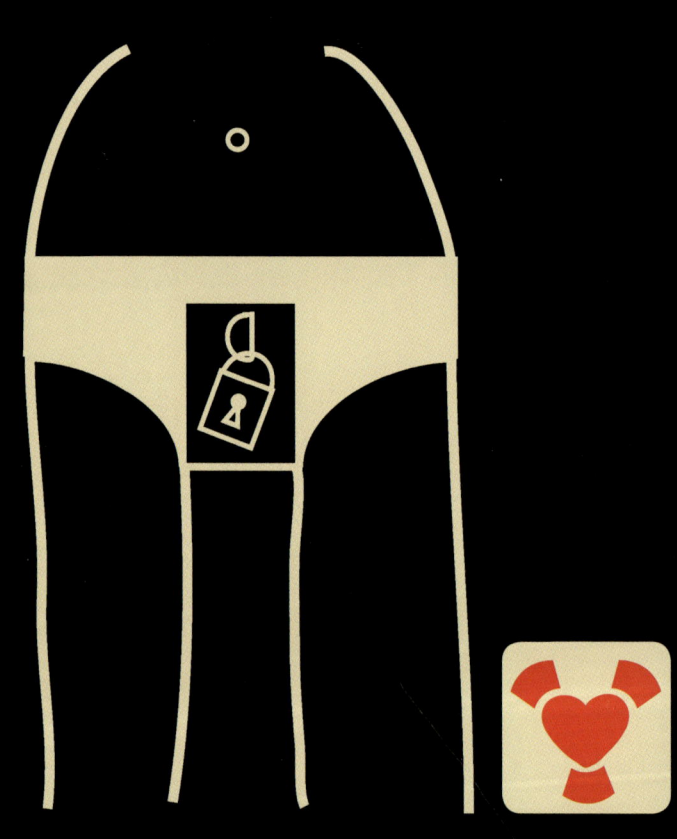

Jungfrau

24. August – 23. September

Letzten Dienstag, 16:38 Uhr, Notfall-Allergiesprech-
stunde in der Uniklinik. Du: groß, schlank, stattlicher
Po, handgewebter Poncho, Lammwollsocken, Laktose-
intoleranz. Ich: groß, schlank, Lammwollsocken, begin-
nende Weizenallergie, leichte Zwangsstörungen. Wir
haben die besten Fleckenmittel ausgetauscht und
über die Tippfehler in der Broschüre „Fettfrei genießen"
gelästert. Sollen wir uns auf einen Tofu-Shake (ge-
trennte Kasse, eigenes Recyclingglas – man kann
nicht vor-sichtig genug sein) treffen? PS: Habe ein
paar gute Tipps, was du gegen deinen Zahnstein
unternehmen kannst.

One-Night-Stand

Mehr passiert bei der Jungfrau meist nicht, denn kaum jemand kann ihre Kontrollsucht länger als eine Nacht ertragen. Diese eine Nacht mit der Jungfrau ist allerdings absolut sicher, denn sie benutzt Handschuhe und besteht hinterher (oder dabei) auf ein Bad im gechlorten Jacuzzi.

Zwei Jahre Liebe

Das passiert, wenn die Jungfrau in Liebestaumel gerät: Das Objekt der Begierde erhält zunächst eine Rundumerneuerung. Ernährung, Kleidung, Freunde, Job, Wohnung etc. werden ihren perfektionistischen Standards angepasst. Doch kaum in Form gebracht, rennt der/die Geliebte schreiend weg.

Langzeitbeziehung

Der Traum jedes Nörglers: ein lebender Sandsack, an dem man ständig herummäkeln kann – bis der Tod uns scheidet. Lange Abende vor dem kalten Kamin mit Anschuldigungen, wie unvollkommen der andere ist. Was für eine Wonne! Meist ein Wunschtraum, denn wenige sind so dumm zu bleiben.

Verliebte Jungfrau
Immer schön kontrolliert

Nach dem, was die Jungfrau bisher von der Liebe weiß, ist diese eine ziemlich chaotische Angelegenheit – und wir wissen, was die Jungfrau von Unordnung hält. Verliebte Menschen sind außer Rand und Band – allein bei der Vorstellung muss die Jungfrau Rescue-Tropfen nehmen. Wie kann man alles wunderbar finden, was der andere tut, wenn man es doch besser weiß und man gleich explodiert, wenn man dem anderen nicht sagen darf, was er falsch macht? Und warum soll der andere nicht sagen müssen, dass es ihm leidtut? Die Chance, dass die Jungfrau jemanden findet, der alles nach ihren Vorstellungen macht, sind so gering, dass sie – glücklicherweise – nie dem Feuer der Leidenschaft erliegt.

Klammeraffe?
Sie will doch nur nach dem Ausschlag sehen – und ob man die Unterwäsche gewechselt hat. Das ist doch legitim, oder?

Sprücheklopfer?
Nein. Die Jungfrau hält jedes Versprechen peinlich genau ein und lässt es sich abzeichnen – mit doppeltem Durchschlag.

Schnorrer?
Niemals! Die Jungfrau kontrolliert nur die Kontoauszüge, um sicherzustellen, dass der/die andere vernünftig haushält.

Anmachsprüche

Die Jungfrau gibt sich ganz natürlich:
- ❤ Du hast da Spinat zwischen den Zähnen.
- ❤ Der Champagner ist nicht aus ökologischem Anbau.
- ❤ Ist das ansteckend?

Dates mit der Jungfrau
Die Kleinigkeiten zählen

Gibt es da draußen überhaupt jemanden, der gut genug für die Jungfrau ist? Wahrscheinlich nicht. Aber das ist eigentlich auch gut so, denn sonst hätte sie ja nichts mehr zu meckern. Geborene Kriecher, die sich gerne ansehen lassen, als wären sie Hundekot am Absatz, sind für die Jungfrau perfekt, aber die sind leider selten. Speed-Dating klingt effizient (es erinnert schließlich an Zuchtschauen), aber die Jungfrau nervt alle, da sie die Auswahlkriterien für die Teilnahme kritisiert und lieber ihr eigenes, komplexeres Bewertungssystem einführen will.

Wer sich für einen Ausflug in die Jungfrauen-Erlebniswelt masochistisch genug fühlt, findet sie ganz leicht: Sie erklärt dem Notarzt beim nächsten Auffahrunfall, was er zu tun hat, zweifelt im Ayurveda-Spa das Öko-Siegel der Algenmaske an oder sucht im Staatsarchiv gerade nach Informationen über den avisierten Partner. Die Jungfrau schickt den Ablaufplan für das Date 24 Stunden im Voraus per E-Mail. Es geht zunächst in ein Veganer-Restaurant, wo sie für beide bestellt und darauf besteht, dass man jeden Bissen 45 Sekunden lang kaut. (Das mitgebrachte Sandwich wäre zwar leckerer gewesen, aber man will ja nicht enttäuschen.) Dann wird die Rechnung haarklein geteilt. Zum entkoffeinierten Kaffee gibt's dann am Laptop den Persönlichkeitstest.

Bis zum dritten Date schafft es die Jungfrau nie. Wo sollte das auch stattfinden? In der eigenen Wohnung? Der andere könnte ja ihre Zahnpasta benutzen, und sie müsste die Wohnung hinterher dekontaminieren. In der anderen Wohnung? Dann müsste sie drei Tage entgiften und alle Kleidung vernichten. Sie würde auch nicht zurückrufen, denn der andere war sowieso nicht gut genug.

Romantikbarometer

- glühend
- brennend
- heiß
- warm
- kühl
- kalt
- unterkühlt

Geschenke der Liebe

Ein elektronischer Organizer, von der Jungfrau ausgefüllt und mit ihrem Computer verbunden, damit sie das Objekt ihrer Begierde ständig auf dem Laufenden halten kann. Der Organizer besitzt ein integriertes Wörterbuch, damit die Jungfrau jederzeit beweisen kann, dass Amöbenruhr wirklich mit „h" geschrieben wird.

Im Internet

Endlich! Eine hygienische Alternative zum Austausch von Intimitäten abseits der verseuchten realen Welt im superreinen Cyberspace. Die Jungfrau kann lange, ausführliche Formulare entwerfen, so fordernd, konkret und indiskret werden, wie sie will, und immer neue Wege ersinnen, um die Daten der anderen zu archivieren und zu indizieren. Dass sie wenige Antworten bekommt (meist von anderen Jungfrauen), stört sie wenig. Da sie gerne denunziert, sucht sie stundenlang auf Pornoseiten nach bekannten Gesichtern.

Das macht die Jungfrau heiß

Ein gerade aus der Sterilität des Weltalls zurückgekehrter, in Frischhaltefolie gewickelter Astronaut ist nicht schlecht, aber auch eine intensive Nacktputz-Session findet die Jungfrau anregend. Einen sicheren Treffer landet bei ihr, wer einen Kittel trägt und mit einer großen Flasche Scheuermittel zu ihr in die Dusche steigt. Wenn sie dann noch ihren Domina-Latex-Einteiler anziehen und jemandem den Hintern versohlen kann, bekommt sie dieses zarte Glühen.

Bettakrobatik

Schlabberige Zungenküsse versucht die Jungfrau zu vermeiden (weiß man, ob der andere seine Zahnseide richtig benutzt hat?). Obenauf ist für sie die perfekte Position, denn so hat sie die Kontrolle und kann den anderen gegebenenfalls auch kritisieren. Der kann sich ja nur noch winden. Sollte der Partner es wagen zu widersprechen, hat sie aber zur Sicherheit eine mit zusätzlichen Erläuterungen versehene Ausgabe des Kamasutra (abwaschbar eingeschlagen) in Griffweite.

Sex mit der Jungfrau

Gesund und effizient

Man sollte meinen, der Austausch von Körperflüssigkeiten schrecke die Jungfrau ab. Aber sie ist ein Erdzeichen und weiß, dass regelmäßiger Sex bestes Ganzkörpertraining, gut für das Herz-Kreislauf-System und erstklassig für den Stressabbau ist. Und gegen Unappetitliches besitzt sie schließlich einen Latex-Einteiler mit passenden Handschuhen. Ein Handbuch der Liebestechniken liest sie als Vorspiel vor und verpasst den komplizierteren Stellen gleich Lesezeichen – falls man später nachschlagen muss. Die Fotos dienen nur als Anschauungsmaterial für die anschließende Manöverkritik, damit der Partner sehen kann, was er falsch gemacht hat. Abschließend muss der einen Fragebogen ausfüllen, den sie sofort auf dem Computer statistisch auswertet. Danach gefragt, wie „es" war, erstellt sie einen detaillierten Bericht inklusive Bibliografie.

Jungfrau und Mars

Wie wir bereits gesehen haben (siehe Seite 9), ist Mars der Inbegriff der Männlichkeit. An welcher Stelle er im Geburtshoroskop auftaucht, entscheidet, wie Y-Chromosomlastig man ist. Da die Jungfrau die scheinheilige Betschwester des Tierkreises ist, hat sie ihn bei den Ei…ngeweiden, wenn ihr Mars zugleich in Jungfrau und Sonne steht. Warum also Schmuddelverkehr ertragen, wenn man eine Wurzelbehandlung haben kann?

Sexspielzeug

Vibrator mit Fernbedienung – die Jungfrau verschlampt nie die Fernbedienung und muss so nicht peinlich brummend durchs Büro laufen, bis die Batterie alle ist.

Unverträglichkeitsliste
Die Jungfrau gegen den Rest der Welt

Optimisten sagen, die Jungfrau (feminin, Erde, veränderlich, analfixiert) käme am besten mit anderen Erdzeichen (Stier, Steinbock) aus, die sie verstehen, und am schlechtesten mit Schütze, Fischen und Zwillingen (den anderen veränderlichen Chaosmagneten). Wir aber zeigen, dass niemand so richtig zu ihr passt. Und zwar deshalb:

Jungfrau und Widder Die Jungfrau weiß nie, wann sie mit der Kritik aufhören muss. Der Widder hat bald eine Anklage wegen Körperverletzung und brilliert in der selbstgerechten Opferrolle.

Jungfrau und Stier Der Stier ist auch ein Erdzeichen, aber die Jungfrau missbilligt seine Genussucht. Geht er aus der Küche, isst sie seine Portion und ersetzt die Sahne durch Sojacreme.

Jungfrau und Zwilling Wie die Jungfrau veränderlich, löst der Zwilling bei der Jungfrau dennoch ständig Panikattacken aus, denn er begrüßt alle per Handschlag, ohne sich zu desinfizieren.

Jungfrau und Krebs Bei ihrem ersten Besuch – als der Asthmaanfall abklang – erteilte die Jungfrau dem Krebs einen Crashkurs in gesunder Ernährung, stilvoller Kleidung und Hygiene.

Jungfrau und Löwe Unmöglich! Der Löwe geht mit der Jungfrau zu einer Premiere mit Promis und Champagner-Cocktails, und sie zählt die Flecken im roten Teppich und besteht auf Ginseng-Tee.

Jungfrau und Jungfrau Alles ist vorbei, wenn die eine Jungfrau merkt, dass die andere heimlich in ihrer Wohnung war, um das Bad zu putzen, während sie bei der anderen dasselbe getan hat.

Jungfrau und Waage Wie soll das gehen? Schon der Preis eines Cocktails in der Lieblingsbar der Waage bringt die Jungfrau um, und die Waage würde nie ein Bio-Vollkorn-Restaurant betreten.

Jungfrau und Skorpion Nicht einmal die Jungfrau kann dem Skorpion widerstehen, vermiest aber durch Hinweise auf den Pickel an seinem Hintern so gekonnt die Stimmung.

Jungfrau und Schütze Der Schütze ist zwar ebenso veränderlich, aber auch laut und unvorsichtig. Vorteil: Die Jungfrau kann ständig ihre Erste-Hilfe-Kenntnisse nutzen und sagen: „Ich hab dich gewarnt!"

Jungfrau und Steinbock Der Steinbock – ein Erd- und Kardinalzeichen – ist beim Date noch knauseriger als die Jungfrau. Wer also cooler bleibt, muss für die Reiswaffeln zahlen!

Jungfrau und Wassermann Beim Seminar für alternative Heilmethoden funkt es, aber wenn der Wassermann anbietet, die Allergien der Jungfrau mit seinen Jedi-Kräften zu heilen, verliert sie die Nerven.

Jungfrau und Fisch Dates mit dem letzten veränderlichen Zeichen und Gegenpol der Jungfrau, dem Fisch, klappen irgendwie nie: Der Fisch wartet immer am falschen Tag oder am falschen Ort auf sie.

95

Treulose Tomate?

Die Jungfrau hintergeht ihren Partner nicht, sie analysiert ihn zu Tode. Sie will immer darüber sprechen. Da sie statt Kopf und Herz eine riesige Datenbank besitzt, erinnert sie sich an jedes kleinste Detail der Beziehung und lässt einen Partner erst ziehen, wenn sie alles haarklein durchdiskutiert hat (und meist auch dann noch nicht). Die Angst vor weiteren keifenden SMS, Briefen, E-Mails und Anrufen treibt so manchen Ex in den Freitod.

RACHE AN DER JUNGFRAU

Die Jungfrau ist sowieso ständig gereizt, also ist es nicht allzu schwer, sie zur Weißglut zu bringen: Klebemagneten am Laptop, Putzmittel verwässern, Junkfood auf ihren Namen bestellen. Nur der Harzer Käse hinter der Heizung lohnt nicht, denn auch da macht sie zweimal wöchentlich sauber.

Treue Seele oder Betrügerin?

Schön wär's

Beim Betrügen ist Detailliebe der Schlüssel zum Erfolg. Wer wäre also besser für Dauer-Serien-Ehebruch geeignet als die Jungfrau? Selbst auf dem Sprung zum Kiosk hat sie immer Ersatzunterwäsche und Zahnbürste dabei. Ihr elektronischer Kalender sagt ihr genau, wann sie sich mit wem getroffen hat, und sie kann all ihre Anrufe auf eine Geheimnummer umleiten. Sie erinnert sich an die unwichtigsten Dinge. Nie würde sie auffliegen. Fische würden für dieses Talent morden.

Leider kann die Jungfrau es nicht nutzen, denn sie wirkt so wenig anziehend …

Abserviert werden und abservieren fügt sie elegant und effizient zu einer Handlung zusammen. Ihre überkritische Art lässt Liebhaber an ihrer Liebe zweifeln und fliehen, bevor sie erklären kann, sie wolle nur ihr Niveau steigern, um ihnen einen Heiratsantrag zu machen.

Typische Jungfrau-Ausreden

Ausreden braucht die Jungfrau nicht. Sie hat immer recht. Auf die Frage, warum sie den Geburtstag ihres Partners vergessen hat, könnte sie lückenlos belegen, dass er (und seine Mutter) sich bislang immer komplett geirrt haben und nur sie das korrekte Datum kennt.

Der Ehevertrag

Man lege sich nicht mit einer Jungfrau an! Dies ist ein bindender Vertrag. Sie hat eine Kopie beim Notar hinterlegt und drei Back-ups auf externen Festplatten gespeichert. Ihr Partner hat den Vertrag längst vergessen, aber die Jungfrau kennt ihn auswendig (besonders die Klauseln zum Badezimmer), weist den anderen dauernd auf Vertragsbrüche hin und sagt, wie enttäuscht – aber wenig überrascht – sie ist.

Venus und Jungfrau
Eine stürmische Verbindung

Wenn Merkur sich aus dem Zwilling lösen kann, beherrscht er die Jungfrau. Bei ihr ist er selbstverständlich vernünftiger und kümmert sich um Gesundheit, Sicherheit und Kommunikation (Tratsch und Intrigen). Mit ihrer Kombination aus Zwangsneurose, Venus Überheblichkeit und Merkurs Wichtigtuerei kommt die Jungfrau rüber wie ein übereifriger Moderator im Verkaufsfernsehen. Laut astrologischen Regeln (siehe Seite 8–9) kann ihre Venus nur in Jungfrau, Krebs, Löwe, Waage oder Skorpion stehen.

Berühmte Jungfrauen

D.H. Lawrence, 11. September 1885
Mr. Sexy der Literatur, Autor von *Lady Chatterleys Liebhaber*, einer forensischen Abhandlung über Sex; erklärte in Bloomsburys Salons stolz, wie man schreiben muss, floh aber bei der kleinsten Kritik.

Greta Garbo, 18. September 1905
Zurückgezogen lebende schwedische Filmgöttin, die früh erkannte, dass andere schlicht nicht gut genug sind und dass die eigene Gesellschaft viel faszinierender ist.

Venus in der Jungfrau

Steht die Venus bei der Jungfrau zusätzlich in der Jungfrau, kann sie zwar leidenschaftlich sein, aufgrund ihres Perfektionismus hat sie aber auch ein Leistungspunktesystem. Sie schlüpft in ihr Latexkostüm, lädt das Objekt ihrer Begierde auf eine Runde Beschimpfungen ein und verbringt einen herrlich intimen Abend damit, seine Defizite aufzuzählen.

Venus im Krebs

In dieser Konstellation bricht die Glucke durch. Bevor der/die Liebste morgens gehen darf, werden die Jacke abgebürstet, die Schuhe zugebunden, die Fingernägel kontrolliert und ein gesundes Tofu-Seegras-Sandwich eingepackt. Kommt er/sie nicht zurück, wird er/sie sofort als vermisst gemeldet.

Venus im Löwen

Dies ist Venus in Lady-Macbeth-Konstellation. Sie wird das Objekt ihrer Begier-lation. Sie wird das Objekt ihrer Begier-de groß herausbringen, ob es will oder nicht. Diese Jungfrau schnitzt also von Hand ein Podest und stellt ihren Schatz (natürlich ohne Schuhe) darauf. Dann poliert sie es ständig, damit er sich ja nicht rührt.

Venus in der Waage

Da Venus in einem von ihr beherrschten Zeichen steht, geht es etwas (ganz wenig) warmherziger zu. Das Boudoir der Jungfrau hat zwei Badezimmer: eines für feurige neue Liebhaber, eines für traurig abziehende Ex-Lover. Die genaue Liste liegt unter dem Kopfkissen.

Venus im Skorpion

Venus ist in dieser Konstellation sehr intensiv, was kein Grund ist, die Hygiene zu vernachlässigen. Ein wenig Unsittlichkeit ist erlaubt, solange man vorher ordentlich schrubbt. Schwarze Leder-Hotpants, Stiletto-Stiefel und Peitschen warten ordentlich im Schrank: So lässt es sich himmlisch züchtigen.

Waage

24. September – 23. Oktober

Hallo, schöne Frau, hallo, schöner Mann. Jemand, der so hübsch und erfolgreich ist, muss sich doch mit all den Amateuren, die nicht wissen, wie man sich amüsiert und wie man Diamanten trägt, zu Tode langweilen. Hast du viel Geld, ein Haus an der Côte d'Azur, eine Wohnung in London und einen Privatjet? Möchtest du all das mit einem besonderen Menschen teilen, der Klasse und Stil besitzt, sich auf wichtigen Partys hervorragend an deiner Seite macht und jeden zurückhaltenden Geschäftspartner garantiert überzeugen kann? Dann kann ich dir helfen! Du weißt, du willst es! Geschlecht unerheblich.

One-Night-Stand

Prinzipiell gern – schließlich ist die Waage das Symbol der Gerechtigkeit –, und nur so bekommen wirklich alle ihre Verehrer etwas von ihr ab. Obwohl, das ist schon auch ganz schön ermüdend. Viel lieber bleibt die Waage zu Hause auf dem Sofa und empfängt Bewunderer nach vorheriger Terminabsprache.

Zwei Jahre Liebe

Für die Waage ist das eine sehr lange Zeit für derartige Einschränkungen (nur ein Liebhaber) und endet mit Tränen – obwohl sie die Juwelen behalten darf. Viel ausgewogener ist doch ein 2x2-Verhältnis (zwei Jahre für zwei Liebhaber). Sie muss nur daran denken, beide gleichzeitig abzuschießen.

Langzeitbeziehung

Nichts spricht gegen eine Zweckehe, besonders wenn sie den Zwecken der Waage dient. Langzeitbeziehungen können so sehr lukrativ und erträglich sein, solange sie mehr als zwei Personen beinhalten. Eine *Ménage à Truppe*, mehrere Liebhaber im Haus oder Polygamie sind doch tolle Optionen.

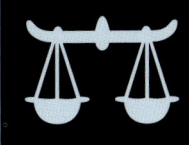

Verliebte Waage
Liebe, wen du hast

Darf man sich nur in eine Person verlieben, besteht das Problem, dass in dem Moment alle anderen Möglichkeiten wegfallen. Aber die Waage möchte nicht nur auf zwei Hochzeiten tanzen, sondern auch noch Spaß mit den Brautjungfern haben. Was also tun? Erst probiert sie ein paar Jahre erfolglos herum, bis ihr auffällt, dass sie sich nur in alle gleichzeitig verlieben muss. Ganz einfach! Wenn sich alle um sie reißen, braucht sie keine unschönen Entscheidungen zu treffen, es gibt keinen Kummer (zumindest nicht für sie), sie bekommt mehr Geschenke und hat mehr Spaß. Und sie muss auch nicht fürchten, die Liebe ihres Lebens damit zu vertreiben, denn das ist sie selbst.

Klammeraffe?
Sich zieren und immer schön rar machen ist effektiver. Die anderen schuften, und die Waage bekommt die Aufmerksamkeit.

Sprücheklopfer?
Bei Sprüche & Co., dem Marktführer luxuriöser Versprechen, ist die Waage Vorstandschef — wissentlich hat sie noch nie ein Versprechen gehalten.

Schnorrer?
Welch hässliches Wort! Die Waage kann einen Klienten alleine durch ein Lächeln von seinen liquiden Mitteln entbinden.

Anmachsprüche

Es geht nicht darum, was die Waage sagt, sondern wie und zu wem:
- ♥ Ist mir da etwas ins Auge geflogen?
- ♥ Ist das Ihre Jacht dort im Hafen?
- ♥ Mein Reißverschluss klemmt.

Dates mit der Waage

Reiche Auswahl

Also bitte! Die Waage kann im Schlaf Dates bekommen. Sie mag sie hübsch gebündelt. Warum sollte sie sich auch für eine einzige Person entscheiden müssen? Schließlich hat sie genügend Charme, um ein halbes Dutzend Verliebter bei Laune zu halten, die ihren Stolz an der Garderobe abgeben und um sie herumschwänzeln wie die Tänzer in einer alten Revue-Show. Alle bringen herrliche Geschenke mit, und die Waage entscheidet, wer die kostspieligsten hat.

In einer unerklärlichen Trockenperiode hat sie einmal Speed-Dating ausprobiert. Sie hat immer gleich Doppelgespräche geführt, und natürlich haben alle sie gewählt, aber das war doch eher Arbeit.

Die Auswahl der Waage ist viel größer als bei allen anderen, da sie auch bereits Vergebene mit einschließt. Sie ist sogar lieber die/der Geliebte, denn das erhält Dankbarkeit und Großzügigkeit viel dau-

erhafter, und der alltägliche Ärger über falsche Socken oder Kreditrückzahlung bleibt einem vollkommen erspart.

Wer ein Date mit einer Waage sucht, muss reich und schön, arm und unheimlich schön oder megareich sein. Dann kann er auch ein Gesicht wie Hackbraten und den Unterhaltungswert einer Fliese haben. Wo findet man die Waage? Bei Promi-Premieren, großen Charity-Dinnern, in den Lobbys von Fünf-Sterne-Hotels und VIP-Lounges am Flughafen.

Sie lässt sich ins beste Restaurant und anschließend in die exklusivsten Clubs einladen – so kann sie auch mit ihren anderen Liebschaften flirten und potenziellen Neuzugängen Botschaften zustecken. Beim dritten Date (sie weiß, was sich gehört) fragt sie lieb nach einer Nacht im Luxushotel – ihre Wohnung wird gerade Feng-shui-gerecht umgebaut. Natürlich ruft sie immer wieder an.

Romantikbarometer

- glühend

- brennend

- heiß

- warm

- kühl

- kalt

- unterkühlt

Geschenke der Liebe

Etwas wirklich Persönliches – vielleicht eine Locke
mit dem persönlichen Duft der Waage besprüht
und in exquisiter Geschenkverpackung überreicht.
Für vollkommen Vernarrte gibt es spezielle
Hinterlassenschaften (getragene
Unterwäsche, ein Apfel mit ihrem
perfekten Gebissabdruck)
für die Sammlung.

Im Internet

An Online-Dating ist die Waage nicht sonderlich interessiert – das ist nur was für Verzweifelte. Sie hat ihren
eigenen Podcast. So können all ihre Liebha-
ber sie jederzeit sehen, und es kostet sie fast
gar nichts. Sie muss sich dafür nur in einem
Luxushotel (die Rechnung übernimmt ein
Freund) auf einem Bett herumaalen und hinreißend aussehen. Aber da sie das sowieso
vorhatte, ist das gar kein Problem. Es wärmt
ihr das Herz, dass so viele ihrer Lover sich so
häufig einloggen, „nur" um sie zu sehen.

105

Das macht die Waage heiß

Die Waage ist ein Luftzeichen, daher findet Sex bei ihr im Kopf statt. Schon der Gedanke an ein Bad in Geldscheinen, einen eigenen kleinen Picasso, eine romantische Nacht auf einer Luxusjacht etc. macht sie so schwach, dass sie erst einmal eine Zeit auf dem Kaschmirteppich mit einem Supermodel entspannen muss. Eine Lieblingsfantasie der Waage: Sie tut so, als sei sie noch ungeküsst und würde verführt – das bringt Abwechslung, und der/die Geliebte fühlt sich als Eroberer.

Bettakrobatik

Die Waage liebt die Horizontale und vermeidet alles, was sie schlecht aussehen lässt. Obenauf geht daher nur kurz nach dem Lifting, von hinten ist hingegen ideal – da kann sie sich gleichzeitig die Augenbrauen zupfen. Die Waage ist nicht faul, sie möchte nur stets entspannt aussehen und bevorzugt Action im Verborgenen. Aufgrund ihres Beckenbodentrainings, ihrer handwerklichen Fähigkeiten und ihrer geschickten kleinen Finger kehren ihre Liebhaber stets zu ihr zurück.

Sex mit der Waage

Spieglein, Spieglein ...

Bei der Waage ist alles ein Spiegeltrick. Sie umflattert, flirtet und fummelt, aber sie gibt sich nie zügelloser Leidenschaft hin. Dabei schwitzt man nur und sieht zerfahren aus. Wenn sie ihrem Gegenüber tief in die Augen sieht, dann nur, weil dessen vor Lust geweitete Pupillen so himmlische Spiegel sind, in denen sie sich gleich zweimal sehen kann.

In Sachen Verführung, hinausgezögerter Erfüllung und Aufreizen kennt die Waage sich aus. Aber wenn sie endlich so viele Kerzen angezündet hat, dass Feuergefahr besteht, sich mehrfach „schnell etwas Bequemeres" angezogen und die Satinbettwäsche aufreizend glatt gestrichen hat, ist der/die Liebste meist schon eingeschlafen. Was soll's: So bekommt die Waage mehr Schönheitsschlaf, und vielleicht springt ja ein Geschenk dabei heraus, wenn sie betrübt erklärt, man habe sie „ganz allein" gelassen.

Waage und Mars

Wie bereits dargestellt (siehe Seite 9), ist Mars der starke und schmucke – uuhhh – Planet. An welcher Stelle er im Geburtshoroskop in männlicher Pose herumlungert, entscheidet, wie trainiert und gebieterisch die Waage ist. Sie wird aber von Venus beherrscht. Steht also ihr Mars zugleich in Waage und Sonne, findet sie sich häufig verteidigungslos mit heruntergelassenen Hosen wieder.

Sexspielzeug

Lippenstift-Vibrator: klein, erstklassig, passt diskret in jede Handtasche und ist stets einsatzbereit; seidene Liebesfesseln; Pfauenfedern, Plüsch-Handschellen etc. – alles, was die Fans glücklich macht.

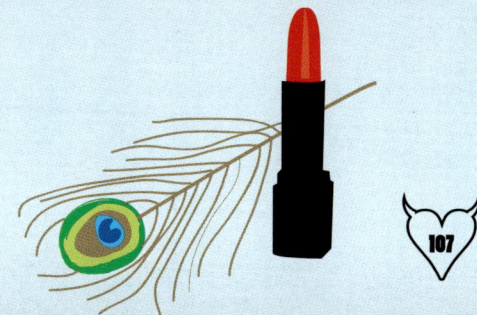

Unverträglichkeitsliste

Die Waage gegen den Rest der Welt

Optimisten glauben, die Waage (maskulin, Luft, kardinal, Hohlkopf) käme am besten mit anderen Luftzeichen (Wassermann, Zwilling) aus und am schlechtesten mit Steinbock, Widder und Krebs (den anderen Kardinalzeichen, die auch die Hosen anhaben wollen). Wir aber zeigen, dass niemand so richtig zu ihr passt. Und zwar deshalb:

Waage und Widder Die beiden Kardinalzeichen sind Gegenpole im Tierkreis. Das kann nicht lange gut gehen: Beherrscht von Venus und Mars, enden sie innerlich zerrissen.

Waage und Stier Die Waage kann den ebenfalls von Venus beherrschten Stier nicht so leicht hinters Licht führen und daher leicht im goldenen Käfig landen – mit Schlüssel an der Halskette.

Waage und Zwilling Beides Luftzeichen, also viel Flirten, Versprechen unsterblicher Liebe und sich bald wieder zu melden – aber die Regeln sind klar, es kommt niemand zu Schaden.

Waage und Krebs Die Waage versucht sich mit ihrem Mit-Kardinalzeichen Krebs zu verbünden, doch der bleibt in seiner Schale, weil er sich erinnert, wie unbefriedigend das beim letzten Mal war.

Waage und Löwe Die Waage ist das geborene Groupie, also sollte der Löwe sich angemessen bewundert fühlen, solange es ihr gelingt, während seiner endlosen Gitarrensoli nicht einzuschlafen.

Waage und Jungfrau Die Waage schenkt der Jungfrau Liebesgedichte, und die schickt sie korrigiert zurück. Die Jungfrau schenkt der Waage Selbsthilfebücher, die sie als Katzenstreu nutzt.

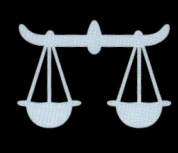

Waage und Waage Weil sie sich gegenseitig nur allzu gut durchschauen, schaffen sie es nie weiter als bis zum ersten Date. Im Spiegel ist nur Platz für eine Waage – und das ist sie selbst.

Waage und Skorpion All diese tiefe Inbrünstigkeit und der endlose Sex sind so ermüdend; wäre der Skorpion nicht so mächtig und reich, würde die Waage ihn nur allzu gern an einen Fan abtreten.

Waage und Schütze Hier geht es rau, taktlos und derb zu. Führt der Schütze seine großspurige Feuerspuckernummer vor, stiehlt die Waage sich gerne einmal mit einer netteren Person davon.

Waage und Steinbock Ein Mit-Kardinalzeichen, das es kaltzustellen und zu skalpieren gilt. Doch der Steinbock ist einfach, denn er ist der große Bonze und die Waage das Trophäenanhängsel.

Waage und Wassermann Auch Luftzeichen, ist der kühle Wassermann schwer zu umgarnen. Modisch überschreitet er leicht den guten Geschmack – völlig undenkbar für die Waage.

Waage und Fisch Ein Karriereparasit wie die Waage braucht einen Wirt mit Rückgrat. Der Fisch landet daher schnell wieder im Teich – meist nach ein paar Drinks beim ersten Date.

Treulose Tomate?

Hintergehen kann man das nicht nennen, es ist eher wie die Fahrt auf einem gut besetzten Karussell. Die Waage verliert nicht gerne, hält sich also alle warm, denn man weiß nie, wann wer wieder in Mode kommt oder vielleicht etwas Großes erbt. Mit nur teils gespielter Zuneigung, einer wöchentlichen Portion Schmeichelei und Ego-Massage kann die Waage lukrative Liebhaber leicht halten. Das ist harte Arbeit, aber auf lange Sicht zahlt sie sich irgendwann aus.

RACHE AN DER WAAGE

Die Waage ist so charmant und glatt, dass die meisten nicht an Rache denken, sondern sich für nicht gut genug halten – das ist aber nicht die Schuld der Waage! Ein paar Verlassene stürzen sich (den Namen der treulosen Waage schreiend) von einer Brücke, damit diese bereut, was sie ihnen angetan hat. Tut sie aber nicht.

Treue Seele oder Betrügerin?

Immer Ausschau haltend

Fantasielose Menschen behaupten, die Waage betrüge immer. Sie sieht das anders. Man betrügt doch nicht, wenn man die Boutique wechselt, weil die erste kein Prada führt, oder zum Skifahren nach St. Moritz fährt, weil in Cannes kein Schnee liegt! Die Waage shoppt immer und liebt Markenware (sie würde nie mit jemandem ausgehen, der arm UND unattraktiv ist). Aber wo bliebe der Einzelhandel, wenn alle ihr Leben lang nur in einen Laden gingen? Die Waage serviert auch nur ab, wenn der Jahresbericht nicht stimmt. Über Haben/Soll von Gefälligkeiten führt sie genau Buch. Wer ein Defizit hat, wird Zweitbesetzung, bis er seine Finanzen wieder ausgeglichen hat. Wer „entlassen" wird, bekommt ein Bewertungsgespräch, in dem sie positive Punkte heraushebt, damit man sich beim nächsten Mal noch ein bisschen stärker anstrengt.

Typische Waage-Ausreden

Liebling, würde ich dich jemals belügen? Ich habe der armen Jana nur den Rücken massiert, weil sie einen harten Tag an der Börse hatte. Wir haben uns ausgezogen, weil die Heizung auf Hochtouren lief und nicht abzudrehen war. Komm doch zu uns. Ich kann doch zu deiner Freundin nicht unhöflich sein, oder?

Der Ehevertrag

Die Waage ist Symbol der Gerechtigkeit. Unter der einfachen Schale besteht sie aus Stahl. Ihre Eheverträge sind also absolut wasserdicht. Zu ihren Rechten zählen Verfügungsgewalt über die Kreditkarte (lebenslang), eine garantierte tägliche Mindestausgabesumme, Übernahme (durch den anderen) aller Schönheits- und Garderobekosten und Verzicht auf jede Ausschließlichkeitsklausel.

Venus und Waage
Die eingeschnappte Schöne

Hier ist die Venus in ihrem ganz persönlichen Luxus-Boudoir: Weniger umtriebig als beim Stier, räkelt sie sich lieber auf Rosenblättern und möchte verwöhnt werden – mit einem Glas Champagner natürlich. Bei der Waage gerät sie schnell zur Göttin der Hilfsmittel oder des Schmollens. Zusammen sind sie Herr und Frau Eingeschnappt. Laut astrologischer Gesetze (siehe Seite 8–9) kann die Venus bei der Waage nur in Waage, Löwe, Jungfrau, Skorpion oder Schütze stehen.

Berühmte Waagen

Oscar Wilde, 16. Oktober 1864
Scharfsinnig, Ästhet, Autor, immer schick gekleidet, hasste Sport und konnte allem widerstehen außer der Versuchung. Trotz Ehe und zwei Kindern war Lord Alfred Douglas die Liebe seines Lebens.

Lillie Langtry, 13. Oktober 1853
Jersey Lily, weniger gute Schauspielerin, aber begehrte Mätresse vieler VIPs, darunter Edwards VII. von England; immer verheiratet, aber nie für lange Zeit.

Venus in der Waage

Steht Venus als Herrscherplanet der Waage bei ihr zusätzlich in der Waage, ist das ein dreifacher Liebeshammer. Diese Waage übergießt ihre Angebeteten süß murmelnd mit Honig und wirft sich dann ungestüm auf sie – nichts kann diese leidenschaftliche Umklammerung mehr lösen.

Venus im Löwen

In dieser Konstellation lässt die Venus keinen Zweifel daran, dass sie sich wahrhaft göttliche Privilegien zu eigen macht – als Königin der Herzen. Diese Waage kennt die Macht der Liebe. Sie stürzt sich auf ihre Liebhaber und spielt katzengleich mit samtenen Pfoten mit ihnen, bis sie schwächeln. Wer sie hintergeht, wird schlichtweg geköpft.

Venus in der Jungfrau

Bei dieser Konstellation lässt Venus Unordnung weder in ihrem Bett noch in ihrem Leben zu. Sie liebt den anderen in Grund und Boden, fegt die Reste auf, legt sie in Formaldehyd ein, katalogisiert sie und stellt sie dann zu den anderen Proben ins Regal – die sie dann natürlich regelmäßig abstaubt.

Venus im Skorpion

Jetzt wird es ungestüm. Ständig heiß und lüstern, ist diese Waage immer bereit, die Satinlaken in einem Luxushotel zu zerknittern – am besten mit dem Hotelpagen oder der eigenen Schwägerin, denn nach dem Sex nimmt sie am liebsten noch ein ausgiebiges emotionales Schlammbad.

Venus im Schützen

In dieser Konstellation wird Venus um einiges aktiver. Diese Waage schwingt sich mitternachts am samtenen Seil ins Schlafgemach des/der Angebeteten, liebt ihn/sie leidenschaftlich (fast energiegeladen) und verschwindet bei Morgengrauen, nur einen Fußabdruck im Bett und Herzen hinterlassend.

Skorpion

24. Oktober – 22. November

Schau mir in die Augen. Du weißt, dass ich so mächtig bin, dass ich dich nach meiner Pfeife tanzen lassen kann, ohne wirklich anwesend zu sein. Du kannst mir nicht entwischen, Widerstand ist zwecklos. Ich bekomme immer, was ich will, und ich habe viel Geduld. Wir beide wissen, dass du von meiner grenzenlosen Macht fasziniert bist und schon beim Gedanken an Stunden voll schweigsamem Intensivsex mit mir in einer modrigen Absteige an der Autobahn ganz nervös wirst. Ruf mich nicht an; ich schätze es nicht, wenn meine Privatsphäre gestört wird. Ich werde dich finden!

One-Night-Stand

Wiederholter und anspruchs-
loser Sex ist offensichtlich
die Lösung für das ständige
Verlangen des Skorpions,
aber einmal pro Nacht ist
ihm kaum genug. Ist er nicht
gerade Rockstar mit ein-
fallsreichem Roadie, ist der
Nachschub nicht gesichert.
Wie wäre es daher mit einer
Profikarriere?

Zwei Jahre Liebe

Schon nach einem Monat
verachtet der Skorpion den
anderen wegen seiner Un-
selbstständigkeit (was seinen
Sexhunger und sein Besitzdenken aber nicht mindert).
Danach braucht er noch 23
Monate, um den anderen so
zu erniedrigen, dass der von
allein geht, denn jemanden
selbst loslassen kann er nicht.

Langzeitbeziehung

Für den Skorpion prima, denn
so hat er immer jemanden,
den er manipulieren kann. Er
braucht nur einen Partner,
der robust genug ist und das
aushält. Gern übernimmt er
den dominanten Part. Gerissen, wie er ist, gelingt es ihm
aber auch, den Unterwürfigen
zu spielen und die Tyrannei
der Schwachen auszuüben.

Verliebter Skorpion
Ewige Psychospielchen

Der Skorpion hat ständig Lust, ist aber nur sehr selten verliebt, und wenn, dann lässt er sich nicht dabei ertappen. Schwäche ist ihm zuwider, und verliebt sein macht willensschwach. (Warum sollte er jemandem erlauben, sein Sicherheitssystem so zu unterlaufen?) Liebe macht also schwach. Da gilt es, schnellstmöglich wieder die Kontrolle zu erlangen, damit seine Feinde die Schwachstelle nicht ausnutzen können. Also sperrt er das Objekt seiner Begierde in eine entlegene Hütte und demonstriert, wie sehr er es nicht liebt. Kontakt gibt es nur zu ihm und nur im Schutz der Dunkelheit. Selbst dann spielt er Psychospielchen, damit der andere nicht merkt, wie verliebt er ist, und diesen Vorteil womöglich nutzt.

Klammeraffe?
Der Skorpion umkreist seiner Beute gerade noch mit so viel Abstand, dass er keine einstweilige Verfügung riskiert.

Sprücheklopfer?
Es schmerzt den Skorpion, aber bisweilen lässt er Liebhaber unerfüllt zurück: nur um zu beweisen, dass er die Kontrolle hat.

Anmachsprüche

Die braucht der Skorpion nicht, er schaut Auserwählte nur an, geht, und sie folgen. Aber nur für den Fall:
- ♥ Auf der Toilette, in zwei Minuten!
- ♥ Bist du auch gerade so scharf drauf wie ich?
- ♥ Nicht anfassen!

Schnorrer?
Geblendete überhäufen den Skorpion mit Geld etc. Doch für schnöden Mammon gibt er seine Selbstbestimmung nicht auf.

Dates mit dem Skorpion

Angebot und Nachfrage

Will der Skorpion ein Date, bekommt er es auch. Und ganz egal, ob er aussieht wie ein Liebesgott, ein Höhlentroll oder ein schmalbrüstiger Buchhalter – er kann sich vor Angeboten meist kaum retten. Seine Anziehung hat nichts mit albernen Äußerlichkeiten zu tun. Mit Blödsinn wie Flirten, Romantik und Liebesnester bauen gibt er sich nicht ab. Vollkommen unabhängig von seinem Geschlecht ist der Skorpion der Revierkater, stellt sich aufreizend hin, legt die Ohren an, weitet die Augen und peilt die Beute an, die sofort erstarrt, wie ein Kaninchen im Scheinwerferlicht. Danach bleibt nur noch die Frage, wohin man sich zurückzieht.

Theoretisch hätte Speed-Dating sein Nachschubproblem lösen können, aber leider gab es ein kleines Missverständnis gleich zu Beginn: Als der Skorpion seinem ersten Partner direkt auf den Schoß sprang, wurde er ausgeschlossen.

Jeder, der ein wenig hemmungslosen Spaß ohne jede Verpflichtung sucht, sollte nachts in Jazzkellern, Banktresoren, Gruften, schäbigen Hafenkneipen oder im örtlichen Fight Club nach einem Skorpion Ausschau halten. Skorpione vom Typ Mr. Big durchstreifen die Nacht auf Beutefang in verspiegelten Limousinen. Skorpione auf Selbsterniedrigungstrip hausen eher hinter Pappkartons in düsteren Unterführungen.

Ein Skorpion führt seine Dates nicht aus. Er mag es dort, wo er ist, also bleibt er und trinkt Rotwein. Manchmal wartet er bis zum dritten Date – nur um zu beweisen, dass er es kann. Jeder Ort ist ihm recht – der Hof des Nachtclubs, der Rücksitz der Limousine, das Hotelzimmer, der Dachgarten –, solange es nicht sein Zuhause ist. Seine Privatsphäre gibt er nicht preis! Danach meldet der Skorpion sich nie wieder.

Romantikbarometer

- glühend
- brennend
- heiß
- warm
- kühl
- kalt
- unterkühlt

Liebesbeweis

Warum sollte der Skorpion etwas verschenken? Sind der Duft seiner Haut und das Kribbeln in der Magengrube beim Gedanken an ihn nicht genug? Vielleicht etwas billiger Tand, der allein dadurch Wert bekommt, dass der Skorpion sonst nie Geschenke macht – das erhält die Anziehung.

Im Internet

Im Web hat der Skorpion die volle Kontrolle (großartig!). Er kann sein, wer er will, mit jeglichem Geschlecht und wunderbar geheimnisvoll – bis er sich selbst irgend-wann unheimlich wird. Über all die Blauäugi-gen kann er Informationen sammeln und sie gegen sie verwenden, all seine Geheimnisse aber wie hinter byzantinischen Mauern wah-ren. Sein Profil wird stündlich aufgerufen. In Trockenphasen – auf Reha oder im Zen-Kloster auf Selbstkasteiungswoche – ist Online-Dating eine wunderbare Lösung.

119

Das macht den Skorpion heiß

Was macht ihn eigentlich nicht heiß? Er ist praktisch dauerrollig, trägt ständig ein lüsternes Grinsen im Gesicht und muss ab und zu selbst Hand anlegen, damit er nicht jeden Nächstbesten anmacht. Er liebt die kleinen Quickies mit „verbotenen" Partnern, an unpassenden Orten und zu unpassender Zeit. Er weiß alles über das Leben und den Tod und kann es einfach nicht lassen, auf Beerdigungen die/den trauernde/n Witwe/r anzumachen – die/der ihn selten abweist.

Bettakrobatik

Schwer zu sagen, welche Stellung der Skorpion bevorzugt, er hat alles schon einmal ausprobiert. Seine Vorlieben lassen sich grob auf drei Arten eingrenzen: Wenn es ihn überkommt, ist die schnelle Nummer in der vollen U-Bahn eine Möglichkeit. Ist er auf Selbsterniedrigung aus, liebt er es im Penner-Look und schnapsgetränkt an die Mülltonne gekettet. Meist aber bevorzugt der Skorpion die Stunden dauernde Tantraversion, bei der er auf einem Bein und der andere kopfüber steht.

Sex mit dem Skorpion

Spiele der Macht

Er kann nichts dagegen tun: Der Skorpion ist Herrscher über die Genitalien, folgt also nur dem Ruf der Hormone. Wie praktisch: Seine Stimmgabel schwingt genau auf der Frequenz des Lustschreis, der die Menschheit antreibt, und Sex bedeutet Macht (die er begehrt).

Jeder weiß, dass Sex mit dem Skorpion intensiv, leidenschaftlich, impulsiv etc. ist, aber das ist auch nicht anders, wenn er allein ist. Er liebt den Sex, nicht seinen Sexpartner. Selbst wenn er teilweise blind vor Lust ist, behält er doch immer das Sagen – der Sex läuft immer nach seinen Regeln. Manchmal will er reihenweise One-Night-Stands, manchmal obsessiven Sex mit nur einer erotischen Muse. Oder er muss sich selbst beweisen, wie beherrscht er sein kann, gibt den Sex ganz auf, beobachtet nur noch lüstern und vergnügt sich zweimal täglich mit seiner mit feinen Glasscherben besetzten Geißel.

Skorpion und Mars

Wie wir bereits wissen (siehe Seite 9), ist Mars der Planet der Macht. An welcher Stelle er sich also im Geburtshoroskop festsetzt, entscheidet darüber, wie gefährlich und willensstark man ist. Der Skorpion wurde einst von Mars beherrscht, hält ihn heute aber nur für ein Muskelpaket mit wenig Hirn und noch weniger Klasse. Steht sein Mars aber in Skorpion und Sonne, ist er der ewig Rückfällige der Sexsuchtklinik.

Sexspielzeug

Ein wenig enges Leder vielleicht und ein Messer, um ihn daraus zu befreien. Aber seine geheimste Leidenschaft sind Backwaren – à la American Pie.

Unverträglichkeitsliste

Der Skorpion gegen den Rest der Welt

Optimisten meinen, der Skorpion (feminin, Wasser, fix, obsessiv) käme am besten mit anderen Wasserzeichen (Fische, Krebs) aus, die ihn verstehen, und am schlechtesten mit Wassermann, Löwe und Stier, den anderen Fixzeichen, die ihren Kopf durchsetzen wollen. Wir aber zeigen, dass niemand so richtig zu ihm passt. Und zwar deshalb:

Skorpion und Widder Mars, Herrscher des Widders, beherrschte einst auch den Skorpion. Jedes Date dieser beiden artet im reinsten Wettbewerb aus. Wie war das mit Selbstbeherrschung?

Skorpion und Stier Beide sind fix und ihre unpassenden Gegenpole. Hier gibt keiner nach, deshalb wartet der eine beleidigt im Bistro und der andere grollend im Fünf-Sterne-Restaurant.

Skorpion und Zwilling Der Skorpion ist intensiv und eifersüchtig und bringt jeden um, der sein Date ansieht, der Zwilling ist Flirtweltmeister. Sie sollten einander meiden, sonst gibt es ein Blutbad.

Skorpion und Krebs Der Krebs als Mit-Wasserzeichen ist noch launischer und hat ein längeres Gedächtnis. Es kann also eine lange Nacht mit starrem Blick ins Rotweinglas werden, bis einer ausrastet.

Skorpion und Löwe Der Löwe ist auch fix, aber Feuer; kurzfristig hitzig, flaut die Affäre in der Regel rasch wieder ab, da der Skorpion den Löwen nicht mit gebührender Hingabe bewundert.

Skorpion und Jungfrau Nach etwa 24 Stunden, in denen der Skorpion herrliche SM-Spielchen genossen hat, wacht er auf, und sie bügelt naserümpfend die Peitschen und poliert die Knobelbecher.

Skorpion und Waage Die Waage liebt Herausforderungen, und die schwarze Garderobe des Skorpions sieht echt gut aus. Sie ist aber weg, sobald er dominant wird und nicht einkaufen gehen will.

Skorpion und Skorpion Sie sind wie zwei starke Magneten: Entweder kleben sie untrennbar aneinander und sterben beim Sex, oder sie stoßen einander ab und bringen sich um.

Skorpion und Schütze Da sich Schützen nicht beherrschen lassen, rümpft der Skorpion die Nase. Doch er fällt auch oft auf sie herein, denn der Schütze hat Ausdauer und kann bei seiner Sexsucht mithalten.

Skorpion und Steinbock Der Skorpion ist am ehesten in der Lage, den Steinbock zur Unartigkeit zu verführen, doch am nächsten Morgen leugnet der alles und verpasst ihm einen Maulkorb.

Skorpion und Wassermann Als letztes Fixzeichen tanzt der Wassermann nicht nach Skorpions Pfeife und diskutiert zudem stundenlang, wobei der Skorpion doch nur schnellen, stummen Sex will.

Skorpion und Fisch Als letztes Wasserzeichen ist der Fisch nur allzu bereit, bei jedem Schmuddelkram mitzumachen – bis auf die fiesen SM-Spielchen. Ablehnung sieht für den Fisch anders aus.

Treulose Tomate?

Der Skorpion kennt den Unterschied zwischen Liebe und Sex – deshalb ist er ja auch ein so harter Sexarbeiter und hat die meisten heißen Affären im Tierkreis –, aber es schert ihn nicht, ob andere ihn kennen. Sie sind schwach, also nutzt er seinen Vorteil, sonst würde er ja Schwäche zeigen. Die Welt ist voller Skorpion-Ex (oft Fische), die glauben, ein zwölfstündiges Lustmahl sei Grund genug, gemeinsam Vorhänge auszusuchen.

RACHE AM SKORPION

Keine gute Idee – außer man ist auch Skorpion und bereit, bis aufs Blut zu kämpfen! Man vergisst es am besten und tobt sich aus, denn man kann nicht gewinnen. Wer nichts unternimmt, verunsichert den Skorpion zumindest leicht, denn er erwartet irgendeine absurde Attacke, mit der er dann wiederum den anderen bloßstellen könnte.

Treue Seele oder Betrüger?

Eifersucht pur

Nur wer schwach ist, betrügt. Es ist geschmacklos und gewöhnlich. Der Verlockung von herrlich verbotener Ekstase widerstehen – das ist wahre Selbstbeherrschung. Ist dem Skorpion das noch nicht manipulativ genug, verstreut er dezente Hinweise, die andeuten, er würde fremdgehen, obwohl er es nicht tut, und beobachtet dann erregt, wie sein Partner leidet. Er könnte das Missverständnis schnell in einem kurzen Gespräch aufklären, aber wo bliebe da der Spaß?

Hat der Skorpion allerdings den Verdacht, dass er hintergangen wird, mutiert er zum Geheimagenten im Dauereinsatz, schnüffelt an den Klamotten seines Partners, liest heimlich sein Tagebuch, durchsucht seinen Wagen mit UV-Licht nach Spuren sexueller Aktivitäten, versteckt Peilsender in seinen Absätzen etc. Zuletzt bringt er ihn um. Niemand verlässt ihn!

Typische Skorpion-Ausreden

Ist jemand tatsächlich verwegen genug, den Skorpion zur Rede zu stellen, starrt der seinen Partner zornig an, bis dieser hyperventiliert. Er hingegen kann andere allein durch seine magnetischen Blicke dazu bringen, panisch wenig überzeugende Ausreden für etwas zu erfinden, das sie nie getan haben.

Der Ehevertrag

Nicht unbedingt notwendig, denn wer würde die Weisungen eines Skorpions missachten? Aber er macht gerne einen Punkt, und daher kommt der Vertrag mit drei Durchschlägen und ist mit (seinem) Blut unterzeichnet. Die wenigen Klauseln sind absolut wasserdicht: Der andere hat immer zu tun, was der Skorpion sagt, muss immer für Sex zur Verfügung stehen und darf den vorgegebenen Radius nicht verlassen.

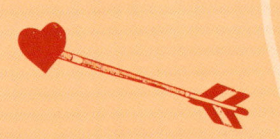

Venus und Skorpion

Reinstes Dynamit

Für moderne Astrologen ist der kalte, distanzierte, psychopatische Pluto Herrscher des Skorpions, für Traditionalisten Mars. Hinter dem herrschsüchtigen Manipulator verbirgt sich also primitiver, roher Sex. Bedenkt man, was Venus von Mars hält, ist nicht auszumalen, was passiert, wenn sie in der Enge eines Sternzeichens zusammengepfercht sind. Laut astrologischen Regeln (siehe Seite 8–9) kann die Venus beim Skorpion nur in Skorpion, Jungfrau, Waage, Schütze oder Steinbock stehen.

Berühmte Skorpione

Pablo Picasso, 25. Oktober 1881
Leidenschaftlicher, fruchtbarer Wegbereiter der Kunst der Moderne, berühmt für seine analytischen und synthetischen Fähigkeiten, für seinen magnetischen Blick und seine zwanghaften Affären.

Vivien Leigh, 5. November 1913
Hinlänglich begabte, extrem ehrgeizige englische Schauspielerin, die Hollywood-Größen reizvolle Rollen, wie die der Scarlett O'Hara, unter der Nase wegstahl.

Venus im Skorpion

Steht die Venus beim Skorpion zusätzlich im Skorpion, sollte er nur an kalten Nächten das Haus verlassen dürfen und zur Selbsttherapie immer einen Eimer kaltes Wasser mit sich führen. Ohne stündlichen hemmungslosen Sex, egal, wo, wann und mit wem, kann er nicht leben. Es wäre ein Verbrechen an der Leidenschaft, seinen Sextrieb mit Flirten oder Vorspiel zu verwässern. Seine Sexsklaven wissen das genau.

Venus in der Jungfrau

In dieser Konstellation kommt die Krankenschwester mit der Peitsche – so wird vor dem anregenden, kraftvollen Sex auf der Gummimatte (mit Duschpausen) erst der Boden geschrubbt. Wer dem Skorpion die blütenweiße Uniform zerknittert, wird mit dem Stethoskop gezüchtigt.

Venus in der Waage

Hier steht Venus in einem ihrer Zeichen und mildert den machtvollen Blick des Skorpions mit verruchtem Lidschatten. Aber er verlangt weiterhin intensiven, langen und romantischen Sex auf Satinlaken mit hübschen Dienern, die Rosen- und Minzeblätter streuen. Wer braucht einen Partner?

Venus im Schützen

Hier wird Venus zum verspielten stillen Wasser, eine ermüdende Kombination aus Unersättlichkeit und Energie. Jede Sexbegegnung mit diesem Skorpion artet zum Wettstreit aus, und er liebt Lustmarathons, auf die er wetten kann: schnellster Galopp durch das Kamasutra, Vier-Minuten-Orgasmus etc.

Venus im Steinbock

Alles rein geschäftlich. Dreiteiler aufknöpfen, Brille abnehmen und dann den intensiven und handfesten Sex auf dem Mahagoni-Besprechungstisch der altehrwürdigen Handelsbank mit dem/der erfahrenen Kollegen/in erfolgreich abschließen.

Schütze

23. November – 21. Dezember

Gelangweilt vom Leben und auf der Suche nach einem unsteten Partner? (Hast du gemerkt: Manchmal geht mein Humor einfach mit mir durch! Jetzt weißt du zumindest, worauf du dich einlässt. Ich wette, du kannst es kaum erwarten – wie stehen meine Chancen?) Ratloser, unzuverlässiger Draufgänger sucht Truppe von Russisch-Roulette-Fans für reihenweise kurze, aber adrenalingeschwängerte Affären – am liebsten bei der Schussfahrt bergab. Stocke am besten deine Versicherung auf, ich habe nämlich keine, und bring deinen Flachmann mit, meinen habe ich beim U-Bahn-Surfen verloren.

One-Night-Stand

Was soll daran schlecht sein? Es ist tolles Ganzkörpertraining, man umgeht lästige Beziehungsfragen, verliert nicht allzu viel Zeit für Glücksspiele und/oder Trinken – und es wird nie langweilig. Natürlich schützt sich der Schütze immer selbst, denn er verrät nie seinen richtigen Namen.

Zwei Jahre Liebe

Der Schütze kann einige Zeit umgänglich und teamfähig sein, wenn er im schmucken Gespann unterwegs ist. Doch irgendwann kommt eine Kreuzung, er geht nach rechts durch, sein Partner nach links, und der Wagen landet am Felsen. Später findet man ihn in einer Bar, als ob nichts passiert wäre.

Langzeitbeziehung

Das funktioniert nur, wenn der Schütze abgehalftert ist, sein Gnadenbrot bekommt und den Sprung über den Zaun nicht mehr schafft oder wenn er Friedensaktivist oder Naturfilmer ist und nie zu Hause – dann erinnern ihn die Medien regelmäßig an seinen Partner, und er schreibt liebevolle Briefe.

Verliebter Schütze

Ständig unbeständig

Jeder merkt, wenn der Schütze verliebt ist, denn die Pheromonwolke, die er überall verströmt, lässt jeden besinnungslos werden – und dann ist da natürlich sein inbrünstiges Gestöhne und Gekeuche. Nur denken eben alle fälschlicherweise, es handle sich nur um ein Objekt der Liebe. Montags aber läuft der Schütze aufgeregt auf und ab, wirft nervös ein paar Möbel um und schwärmt, wie verliebt er (z. B.) in Marie ist, was für ein wunderbarer Mensch sie ist und dass er sie nicht verdient. Mittwochs gefragt, wie es mit Marie läuft, schaut er einen verständnislos an und fragt: „Mit wem?" Längst ist er schon in Sarah vernarrt, die ein so wunderbarer Mensch ist, dass er sie nicht … etc.

Klammeraffe?

Wie denn? Dazu benötigt man Geduld, List, Aufmerksamkeit und lange Planung. Über nichts davon verfügt der Schütze.

Sprücheklopfer?

Der Schütze ziert sich und hält sich zurück, weil es umso netter wird, wenn er sich gehen lässt. Hey – das ist nur Spaß!

Schnorrer?

Nein, aber wenn er sein Geld verprasst hat und die Karten gesperrt sind, lässt er sich gerne und oft aushalten.

Anmachsprüche

Oje! Er würde besser auf seine animalische Anziehungskraft vertrauen:
- ♥ Wenn ich dir sage, dass du einen tollen Körper hast, würdest du das als plump empfinden?
- ♥ Findest du mich sexy?
- ♥ Klasse Hintern!

Dates mit dem Schützen
Klarer Favorit?

Man muss nur an sich glauben! Der Schütze ist überzeugt, er sei der beste Hengst. Ein breites Grinsen mit strahlend weißen Zähnen, und jeder macht ihn zu seinem Favoriten. Wenn die Kunden nicht anbeißen, verzieht er sich nicht schmollend in seinen Stall, sondern dreht eine Runde um den Block und geht die Hürden von der anderen Seite an – mit noch mehr Energie. Er schließt gerne mit seinen Kumpels Wetten ab, ob und wann er ins Ziel kommt. Er hat gelernt, dies seinen Dates besser nicht zu erzählen. Schließlich stehen seine Chancen immer gut. Immerhin führt er seine Dates stilvoll aus und nicht zu seinem Stammimbiss.

Der Name Speed-Dating ist vollkommen irreführend. Warum bloß so lange herumsitzen? Was ist daran schnell? Zwei volle Minuten mit jedem Einzelnen? Und man klebt da insgesamt wie lange fest? Nein, das ist nichts für den Hengst!

Er geht mit allem und jedem aus, aber wer eine Risikoversicherung abgeschlossen hat, sich mit Freuden verausgabt, gerne viele superwitzige Streiche spielt, andere gerne aufzieht und zudem blöde Wortspiele sowie vielleicht ein wenig heiße Action liebt, der hat schon gewonnen. Der Schütze ist einfach zu finden: beim Fallschirmspringen, im nächsten Spielkasino, auf der Rennbahn, beim Freeclimbing oder in der Notaufnahme.

Der Schütze liebt Spaß, fährt für eine heiße Verfolgungsjagd mit der Polizei über Rot (er gewinnt) und isst beim Japaner diesen Fisch (Fugu), von dem man sterben kann, wenn er falsch zubereitet wird. Oft ist er zu ungeduldig, um das dritte Date abzuwarten, aber wenn, dann geht er auf jeden Fall mit zu seinem Objekt der Begierde, weil er selbst keine Bude hat und nicht jeder Zelte mag. Er meldet sich, wenn er wieder in der Stadt ist.

Geschenke der Liebe

Egal, Hauptsache, es ist unangebracht und peinlich: ein blutiges Pflaster im Bett, ein Ausschlag, eine gebrochene Rippe, ein gruselig buntes Riesen-Plüschtier, das er auf der letzten Kirmes an der Schießbude gewonnen hat, Partner-Heelys® mit eingesticktem Monogramm, alte Wettscheine …

Im Internet

Ein eigenes Profil erstellen ist langweilig, und wie soll der Schütze sich merken, was er einmal angegeben hat (oder gar sein Passwort)? Nur auf den Partnerschaftsseiten herumsurfen macht mehr Spaß – vor allem mit einem fremden Laptop (der Besitzer hat gerade geschlafen). So erschwindelt sich der Schütze weltweit kostenlose Übernachtungsstellen. Sein YouTube-Video „Sex auf dem Snowboard" hat viele Fans, an deren Adressen er aber nicht kommt, da er es über den Account eines Kumpels eingestellt hat.

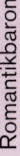

Romantikbarometer

— glühend

— brennend

— heiß

— warm

— kühl

— kalt

— unterkühlt

Das macht den Schützen heiß

Er liebt den Geruch von Gore-Tex® und Neopren. Wer also mit Inlineskates im Taucheranzug mit einer Rolle Grip-Tape zwischen den Zähnen zu seinen Füßen landet, spricht genau seine Sprache. In kalten Regennächten, wenn der Schütze zu Hause bleiben muss, träumt er davon, sich mit verbundenen Augen in einem Meer aus Pokerchips zu wälzen – mit einem berühmten Haijäger, dessen Harpune nicht so wahnsinnig gut gesichert ist.

Bettakrobatik

Solange der Schütze in Bewegung ist, mag er alles, ob zusammengebunden beim Tandem-Fallschirmsprung, in Löffelposition einen Berg hinabrasend, auf der Rückbank eines alten Opel Kapitän (am besten einer mit Selbstmordtüren) oder mit rittlings fahrendem Partner auf der Harley. Und sollte er beim letzten Mal, als er das versucht hat, im Streckverband gelandet sein, freut er sich, dass sein Partner ihm allein durch Ziehen an den Gewichten Schmerz oder Vergnügen bereiten kann.

Sex mit dem Schützen

Einfältiger Hengst

Komm, lass uns Gummi verbrennen! Wozu sind im Dunkeln leuchtende Spaßkondome denn sonst da? Sex mit dem Schützen ist nichts für Untrainierte. Nicht jeder kann so gelassen am Trapez schwingen wie er, und nicht jeder möchte gerne die Gewichtbank für den Liebespartner spielen. Auch wer gedämpftes Licht, romantische Musik und Satinbettwäsche liebt, ist beim Schützen falsch. Er hat immer noch seine Batman-Laken, und Vorspiel heißt für ihn Kissenschlacht.

Der Schütze brüstet sich gerne damit, seine Partner außer Atem zu bringen, vergisst aber, dass sie nach heißer Leidenschaft ermatten und nicht Muskelkater in Muskeln spüren wollen, von denen sie gar nicht wussten, dass sie sie haben. Zum Glück ist der Schütze nicht völlig herzlos. Bei seinen Dehnübungen danach gibt er dem/der Geliebten immer noch einen herzhaften Klaps auf den Hintern.

Schütze und Mars

Wie wir wissen (siehe S. 9), ist Mars der Planet der Anzüglichkeit. An welcher Stelle er im Geburtshoroskop röhrt, zeigt, wie stoßkräftig und unschlagbar jemand ist. Herrscher des Schützen ist Jupiter, Vater des Mars. Steht also Mars im Schützen und in der Sonne, geht es ständig zu wie bei einem Vater-Sohn-Männerwochenende inklusive Platzhirschkampf und (nicht der Mama sagen!) Besuch im Bordell.

Sexspielzeug

Eine Möhre reicht dem Schützen vollkommen für neckische Spielchen, aber es gibt doch auch so lustige Umschnalldildos, niedliche Schokohöschen und dieses putzige Set mit Ponypeitsche und Zügeln!

Unverträglichkeitsliste
Der Schütze gegen den Rest der Welt

Optimisten glauben, der Schütze (maskulin, Feuer, veränderlich, selbstherrlich) käme am besten mit anderen Feuerzeichen (Widder, Löwe) aus und am schlechtesten mit Fisch, Zwilling und Jungfrau (den anderen Veränderlichen, die nicht still sitzen können). Wir aber zeigen, dass niemand so richtig zu ihm passt. Und zwar deshalb:

Schütze und Widder Beides sind Feuerzeichen, also brennt es im Schlafzimmer; eine Affäre, die am besten auf feindlichem Gebiet unter Beschuss funktioniert und zu Hause Chaos auslöst.

Schütze und Stier Sind die zwei je in der gleichen Zeitzone? Sitzt der Stier endlich und hat eine Vorspeise gewählt, ist der Schütze längst mit dem Nachtisch fertig und hat die Stadt verlassen.

Schütze und Zwilling Die beiden veränderlichen Gegenpole sind selbst auf der [dunklen Seite] Seelenverwandte. So dermaßen in Stimmung, kümmert es sie nicht, dass sie über die Klippe rasen.

Schütze und Krebs Der Schütze mag heiße Partner, aber es wird ihm zu eng, wenn der Krebs ihn nach mehreren Fehltritten festsetzt, die Autoschlüssel konfisziert und das Taschengeld streicht.

Schütze und Löwe Auch Feuerzeichen, aber fix, will der Löwe zwar nicht mit dem Schützen auf Rucksacktour durch Asien, bekommt aber einen Wutanfall, wenn der mit einem anderen loszieht.

Schütze und Jungfrau Die Jungfrau ist auch veränderlich, also hört der Schütze sich – rund 10 Sekunden – ihre komplizierte Abendplanung an, bevor er abhaut und tut, was er sowieso vorhatte.

Schütze und Waage Bei der Waage kriegt der Schütze feuchte Hände. Um anzugeben, nimmt er sie mit auf die Rennbahn und bringt ihr das Wetten bei. Sie gewinnt und haut ab – mit seinem Geld.

Schütze und Skorpion Das ist, als würde Hausmeister Krause (Schütze) mit Hillary Clinton (Skorpion) ausgehen wollen. Er versteht kein Wort, und sie kann kaum glauben, wie geistlos er ist. Am besten gleich abhaken!

Schütze und Schütze Dumm trifft Dümmer. Beim ersten Date fordern sie sich gegenseitig heraus, einen Porsche zu klauen, und wachen in einer Zelle auf. War ein echt lustiger Abend, oder?

Schütze und Steinbock Das ist, als ginge man mit seinem Boss aus. Es geht grandios in die Hose, weil der Schütze zum ersten Date (La Traviata) Wasserbomben und Lady-Kracher mitbringt.

Schütze und Wassermann Der Wassermann liebt's pervers und führt den Schützen gerne wie einen Tanzbären in seinen Lieblingsclubs vor; den kümmert es nicht, solange ein kostenloses Essen dabei für ihn herausspringt.

Schütze und Fisch Auch veränderlich, ist der Fisch nass, wo der Schütze feurig ist. Sie kommen bis zum zweiten Date, weil beide gerne trinken und der Schütze das Fisch-Gejammer ausblendet.

Treulose Tomate?

Das ist kein Fremdgehen (im wörtlichen Sinn), denn der Schütze spielt mit offenen Karten. Wer seine eindeutige Körpersprache nicht versteht, die „Ich: Hengst!" brüllt, ist selbst schuld. Egal, wie viele niedliche kleine Jägerzäune der Partner baut, der Schütze stiehlt sich nachts immer davon, weil Langeweile und Eintönigkeit nichts für ihn sind. Bei den ersten Anzeichen von Eifersucht, Besitzdenken oder Kontrollversuchen (sehen wir uns heute Mittag?), ist er weg.

RACHE AM SCHÜTZEN

Dazu müsste man den Schützen erst einmal finden. Und warum Zeit und Energie auf etwas verschwenden, was er nicht merkt? Das Bungeeseil oder das Bremskabel ansägen ist zu offensichtlich, außerdem wäre der Adrenalinrausch eine Belohnung, keine Strafe. Am besten einfach denken und ihn nur beim Finanzamt anschwärzen.

Treue Seele oder Betrüger?
Welche Bedingungen?

„Sei doch nicht unfair", wiehert der Schütze, als er mit 24 Stripperinnen und einer Fußballmannschaft im Jacuzzi erwischt wird. Er ist ganz Zentaur: Sein Kopf und sein Herz sagen: „Bleib", und seine Beine wollen davonlaufen. Was tun? Er geht auswärts spielen, weil er dem Abenteuer nicht widerstehen kann. Selbst bei erstklassigem Öko-Futter zu Hause muss er seine Nase in fremde Futterbeutel stecken, nur um das verführerische Fremde einmal auszuprobieren. Genau genommen betrügt er ja nicht: Jede seiner Liebesbekundungen ist, wie er gerne betont (meist wenn er gerade rausgeschmissen wird), zur Zeit ihrer Äußerung auch ehrlich gemeint. Das bedeutet aber nicht, dass das Gefühl, das man mit einer Äußerung übermittelt, auch länger anhalten muss als die Äußerung selbst. Wird er selbst betrogen, merkt der Schütze davon nichts.

Typische Schütze-Ausreden

Der Schütze fliegt immer auf, da er sich keine Mühe gibt zu vertuschen. Es folgen entwaffnendes Schulterzucken, beschwichtigende Gesten, reumütige Blicke, ein süßes Lächeln, „Ach, Schatz, du weißt doch, ich bin, wie ich bin, ich kann nicht anders" und Vergebung – die perfekte Inszenierung.

Der Ehevertrag

Die goldene Regel lautet: nichts Schriftliches. Das bringt nur Ärger und Anwälte ins Spiel. Die einseitige verbale Vereinbarung des Schützen besagt: keine Bindung, keine Regeln, keine Erwartungen. Genauer betrachtet, erscheint selbst das ein wenig einschränkend, weshalb er eine Klausel einfügt, die besagt, dass keine seiner Aussagen – auch diese Klausel – je als bindend verstanden werden darf.

Venus und Schütze

Absolut verwöhnt

Herrscher des Schützen ist Jupiter, heiterer Gasriese und Göttervater. Venus ist eine seiner Töchter. Beim Schützen ist sie Papis kleine Prinzessin, das Salz seines Kosmos. Der Schütze liest ihr jeden Wunsch von den Augen ab, während sie aus Versehen mit Absicht das Herz des/der Geliebten bricht. Sie kann ihn um den kleinen Finger wickeln, und er lässt es geschehen. Laut astrologischer Regeln (siehe Seite 8–9) kann die Venus beim Schützen nur in Schütze, Waage, Skorpion, Steinbock oder Wassermann stehen.

Berühmte Schützen

Jimi Hendrix, 27. November 1942
Rastloser Kult-Gitarrengott, brachte das Monterey Pop Festival zum Kochen und schenkte der Welt *Foxy Lady* und *Electric Ladyland*. Starb – aus Versehen – jung und schön und weit weg von zu Hause.

Maria Stuart, 8. Dezember 1542
Impulsive, indiskrete und verehrte Fast-Königin mit zu vielen Liebhabern und Ehegatten; vergnügte sich, als Stalljunge verkleidet, im nächtlichen Edinburgh.

140

Venus im Schützen

Steht die Venus beim Schützen zusätzlich im Schützen, ist er doppelt liebes-
süchtig und geht ständig durch. Er
stibitzt gern Amor ein paar Pfeile und
schießt sie wahllos in die Gegend. Dann
stürzt er sich als heißblütiger Stier auf
seine Beute, füttert sie mit Weintrauben,
reicht ihr Palmwein und liebt sie bis zur
Bewusstlosigkeit. Bei Sonnenaufgang
galoppiert er davon.

Venus in der Waage

Hier steht Venus in einem ihrer Zeichen
– verwöhntes kleines Mädchen! Sie wirft
ihre seidige Mähne so lange, bis sie eine
Herde von Bewunderern hat, und brennt
dann mit dem durch, der die meisten
Zuckerwürfel und den größten Stall
vorweisen kann.

Venus im Skorpion

Dies ist die Pornokonstellation. Sattel
auflegen, eng aufzäumen und den/die
Geliebte und sich selbst mit der Gerte

zur Ekstase bringen. Vorher schließt der
Schütze aber noch ein paar gute Wetten
auf Zeit und Häufigkeit ab.

Venus im Steinbock

In dieser Konstellation ist Venus weniger Prinzessin als Geschäftsfrau und
beweist Papi, dass sich die Privatuni
gelohnt hat. Verpaarung ist eine ernst
zu nehmende Sache. Dieser Schütze
vergleicht erst die Zuchtbücher, dann
verliert er kurz die Kontrolle, fährt aber
große Gewinne ein.

Venus im Wassermann

Mit Venus in dieser Stellung ist der
Schütze etwas weniger laut und nass-
forsch, aber genauso energiegeladen.
Er posiert also vielsagend im Halbdun-
kel, bis er einen schmachtenden Liebhaber anlockt. Dann galoppiert er mit
ihm in die Nacht, holt sein großes Teles-
kop heraus und zeigt ihm die Pracht des
Pferdekopfnebels – oder einer anderen
interessanten Sternenkonstellation.

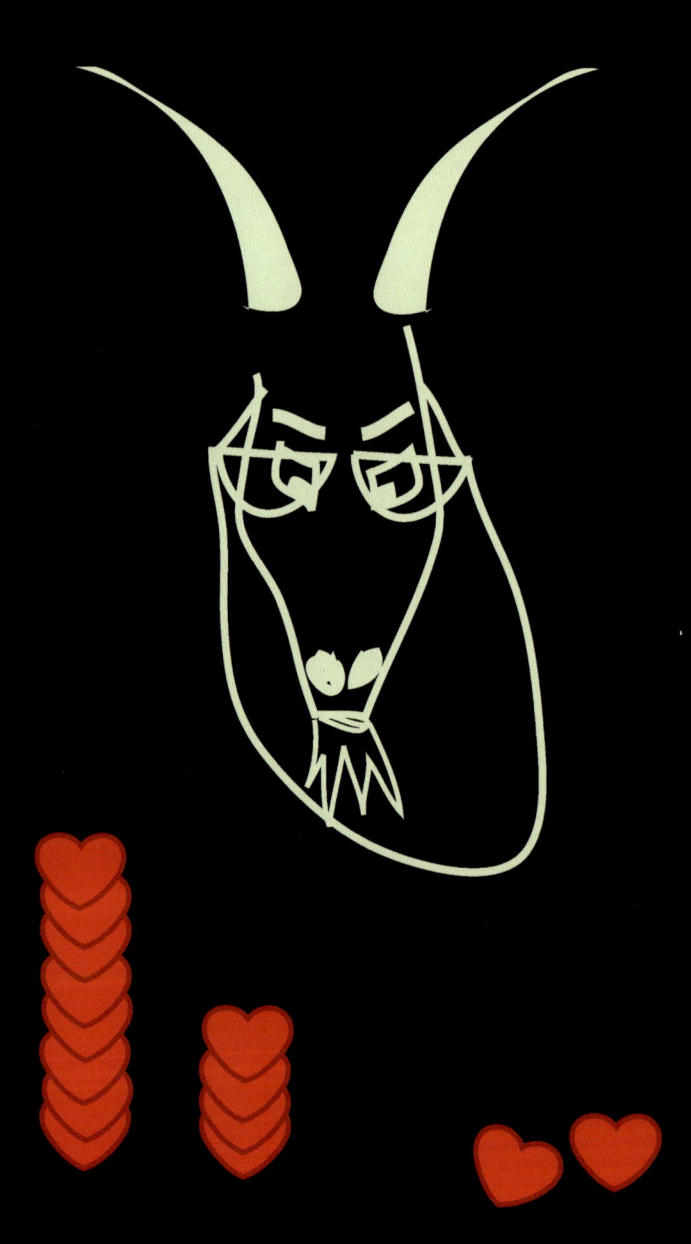

Steinbock

22. Dezember – 20. Januar

Solide/r, solvente/r, ambitionierte/r Geschäftsfrau/
mann sucht Gleichgesinnte/n für Langzeitfusion zur
Steigerung des gemeinsamen Ertrags und zur erfolgreichen Steuersenkung. Du gehst gerne im Regen
spazieren, liebst Streifzüge durch Sparkassen, *Das
Geizkragen-Sparbuch* ist deine liebste Bettlektüre,
und der Vergleich von Zinssätzen ist dein Hobby?
Dann schick mir bitte Lebenslauf und aktuelle Schufa-
Selbstauskunft (oder die Steuerbescheide der letzten drei Jahre), und ich melde mich, sobald ich alles
überprüft habe. Bitte Bearbeitungsgebühr von zehn
Euro und frankierten Rückumschlag beilegen.

One-Night-Stand

Das spart zwar Heizkosten, aber der Steinbock kann sich oft nicht konzentrieren. Er hat ein schlechtes Gewissen, weil er so viel Zeit auf Spaß verschwendet, wo er doch seine Spareinlagen gewinnbringend neu anlegen könnte. Die tief in ihm schlummernde Ziege aber genießt den Spaß in vollen Zügen.

Zwei Jahre Liebe

Gute Strategie, um potenzielle Langzeitpartner auf Herz und Nieren zu testen, und genügend Zeit für einen gründlichen Hintergrund-Check. So kann der Steinbock herausfinden, ob sich weitere Investitionen lohnen. Er muss nur lernen, darüber zu schweigen, sonst wird es unschön.

Langzeitbeziehung

Das ist mal eine Aussage – schließlich geht es dem Steinbock nicht um Spaß oder seine große Liebe. Eine gut durchgeplante Hochzeit bringt immerhin Ansehen, Geld und Verbindungen. Das ist eine stabile Grundlage, die das lästige Klettern auf der sozialen Leiter sehr erleichtert.

Verliebter Steinbock

Alles rein geschäftlich

Der Rest des Tierkreises muss dem Steinbock schon sagen, dass er verliebt ist, denn er denkt, er hat nur Sodbrennen oder so. Zunächst streitet er alles ab. So etwas passiert ihm einfach nicht, denn sonst könnte er ja in der Öffentlichkeit etwas Dummes oder Spontanes tun, was Aufmerksamkeit erregt und womöglich seine Kreditwürdigkeit beeinflusst. Er muss also auf der Hut sein; nichts hasst er mehr, als seine Zeit mit der unpassen-den Person zu verschwenden. Anderer-seits ist der Steinbock im tiefsten Herzen doch Ziege, und die ist lüstern. Er könnte sich und andere also überraschen und mit einem Junkie durchbrennen – Vor-aussetzung ist natürlich, dass der Geld, Talent und Status besitzt.

Klammeraffe?

Nein, aber vielleicht lässt der Steinbock eine Detektei überprüfen, ob der andere auch tatsächlich ist, wer er zu sein vorgibt.

Sprücheklopfer?

Das lässt die innere Ziege nicht zu; sie hat viel zu viel Spaß am Sex, als dass sie auch nur eine Chance freiwillig auslieBe.

Schnorrer?

Nein, nur pragmatisch. Hat der Steinbock die Wahl zwischen viel Geld und nur Geld, gewinnt das viele Geld auf jeden Fall.

Anmachsprüche

Der aufstiegsbedachte Steinbock testet auf diese Weise, ob er auf dem richtigen Weg ist:
- 🖤 Apropos Rentenversicherung: ist deine index- oder fondsgebunden?
- 🖤 Wer ist dein Vater?
- 🖤 Oh-ho-ho!

Dates mit dem Steinbock

Sozialer Aufstieg

Ein Date mit dem Steinbock ist angeblich wie ein Vorstellungsgespräch. Für den Steinbock als sozialen Bergsteiger ist die Auswahl essenziell wichtig. Wer Talent, Stehvermögen und Stammbaum besitzt, kommt vielleicht bis zum dritten Date, ansonsten gibt es eine formale Absage. Um keine Zeit zu verschwenden, nutzt der Steinbock die Dienste seriöser Agenturen, vertrauenswürdiger Familienmitglieder oder professioneller Heiratsvermittler. (Die tief im Innersten lauernde Ziege würde mit jedem versoffenen Trottel mit Backstage-Pass ausgehen.)

Speed-Dating spart zwar Zeit und Mühe und erlaubt dem Steinbock gleichzeitige Selbstwerbung bei 30 potenziellen Klienten, aber die Qualitätskontrolle enttäuscht ihn. Da darf wohl jeder mitmachen, der den Eintritt zahlen kann.

Dennoch fehlt es dem Steinbock nie an Partnern, und er ist erstaunlich beliebt – besonders bei Waagen, die eine gute Einladung wittern. Fans finden den Steinbock bei kostenlosen Firmenfeiern, Botschaftsempfängen, in der Lobby von Bankhäusern oder auf Black-Sabbath-Konzerten. Die Ziege findet man eher auf schwarzen Messen.

Da der Steinbock ungern blind investiert, führt er sein Date zu einem frühen Mittagessen am Imbiss nahe seines Arbeitsplatzes aus, fragt schnell akademische Qualifikation und finanziellen Hintergrund ab und macht dann einen ausgedehnten Spaziergang durch den Park. Bei Anbruch der Dämmerung verabschiedet er sich und überprüft zu Hause schnell Stammbaum und Kreditwürdigkeit. Beim dritten Date ist die Spreu vom Weizen getrennt, und die Ziege darf sich mit dem Weizen vergnügen. Es geht in die Wohnung des Dates (zur Qualitätskontrolle). Er ruft immer zurück.

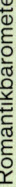

Romantikbarometer

- glühend
- brennend
- heiß
- warm
- kühl
- kalt
- unterkühlt

Geschenke der Liebe

Für den Steinbock reine Geldverschwendung.
Er findet es überflüssig, andere zu verwöhnen,
und hält ihr Interesse durch kleine Gemeinheiten
lebendig. Wie wäre es z. B. mit einer fast
abgelaufenen Pralinenschachtel vom
Discounter oder einem Werbe-
Schlüsselanhänger aus
Nachbars Sperrmüll?

Im Internet

Online-Dating ist kostengünstig: Man spart sich all die
unberechenbaren Faktoren von echten Treffen und
muss keinen Cent für Dates ausgeben, bis
man die Auswahl auf lohnenswerte Objekte
eingegrenzt hat, die die Investition lohnen.
Der Steinbock kann die anderen über alles
ausfragen, ohne dass sie beleidigt sind (was
eigentlich normal sein sollte), nebenher per
Software ihren Versicherungswert und ihr
Verfallsdatum berechnen und gleichzeitig
einen Hardcore-Porno schauen (natürlich nur
als Zuckerl für die Ziege).

147

Das macht den Steinbock heiß

Eigentlich vermeidet er das – es ist würdelos, und er hat Reinigungskosten in seinem
wöchentlichen Mikrobudget nicht berück-
sichtigt. Aber beim Gedanken an Sex mit
jemandem, der gesellschaftlich höher gestellt
und erfahrener ist, der ihm alles beibringt,
was er weiß, und ihn beim Bondage vielleicht
die Sklavenmaske tragen lässt, verliert er
die Kontrolle. Die Ziege träumt derweil vom
Gruppensex mit Bürgermeister, Polizeichef,
Richter, Abgeordneten und Priestern.

Bettakrobatik

Der Steinbock ist nicht raffiniert, alles bleibt
schnörkel- und ideenlos. Er ist bei allem
gerne obenauf, und warum sollte er diese
geliebte Gewohnheit beim Sex aufgeben?
Obenauf ist also seine bevorzugte Stellung –
kleine Variationen möglich. Manchmal muss
er abweichendem Verhalten von zu fanta-
sievollen Partnern mit der Peitsche Einhalt
gebieten. Aber es bereitet ihm keine Freude.
Seine Ziege klettert gerne, also erklimmt er
die Leiter zum Fenster der/des Geliebten.

Sex mit dem Steinbock

Verborgene Tiefen

Der Steinbock mag es traditionell, also heißt es einmal die Woche Schlafanzughose aus und die Pflicht erfüllt. Aber alles geht schnell, denn er weiß genau, was wann zu passieren hat – genau wie sein/e Partner/in. Schließlich haben sie ganz am Anfang einmal herausgefunden, was dem anderen gefällt. Warum also Zeit, die man besser nutzen kann, auf neue Betttricks verschwenden? Zumindest ist es das, was uns der Steinbock gerne glauben lässt. Aber wir alle wissen, dass es nirgends heftiger abgeht als in der Reihenhaussiedlung und dass hinter seiner ach so respektablen Fassade der innere Ziegenbock lauert – ein geiler, wollüstiger Lustmolch, der für Standvermögen, unstillbares Verlangen und unersättlichen Hunger berühmt ist. Genau deshalb bleiben seine Partner – für andere unverständlich – beim Steinbock. Es sind doch immer die stillen Wasser.

Steinbock und Mars

Wie wir wissen (siehe Seite 9), ist der Mars der Planet der Macher. Wo auch immer er im Geburtshoroskop steht, bestimmt, wie zielorientiert jemand ist. Der Steinbock ist das Sternzeichen der Disziplin und harten Arbeit, was den Mars ein wenig bremst. Steht Mars also im Steinbock und in der Sonne, fühlen sich Geliebte oft eher wie beim Vortragen des Halbjahres-Geschäftsberichts und nicht wie beim heißen Sex.

Sexspielzeug

Eine unnötige Ausgabe und nicht von der Steuer absetzbar, aber die Ziege liebt Augenbinden, heißes Wachs, das auf nackte Haut tropft, und heidnische Symbole.

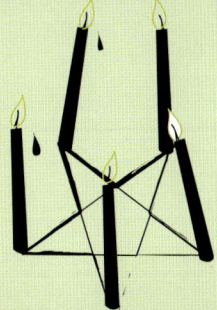

149

Unverträglichkeitsliste
Der Steinbock gegen den Rest der Welt

Optimisten sagen, der Steinbock (feminin, Erde, kardinal, skrupellos) käme am besten mit anderen Erdzeichen (Stier und Jungfrau) aus und am schlechtesten mit Widder, Krebs und Waage (den anderen Kardinalzeichen, die auch Chef im Tierkreis sein wollen). Wir aber zeigen, dass niemand so richtig zu ihm passt. Und zwar deshalb:

Steinbock und Widder Der Widder ist zwar auch kardinal, aber einfach beherrschbar, weil er Finanzen und Papierkram dem Steinbock überlässt, während er den Grill bedient und Wölfe fernhält.

Steinbock und Stier Als Mit-Erdzeichen ist der Stier genauso stur wie der Steinbock. Sie verlassen das erste Date hungrig, denn der Stier will ins Nobel-Restaurant, der Steinbock zum Stehimbiss.

Steinbock und Zwilling Der Zwilling kennt die Ziege, verführt sie mit Schmeicheleien und Tequila, macht Fotos und erpresst sie dann. Der Steinbock ahnt es, kann sich aber nicht beherrschen.

Steinbock und Krebs Als Mit-Kardinal und Gegenpol des Steinbocks weiß der Krebs, dass sein ständiges Zuspätkommen den Steinbock verrückt macht, und kontrolliert ihn so gekonnt.

Steinbock und Löwe Der Steinbock außer Rand und Band. Nur weil der Löwe behauptet, sein Vater stünde auf der Forbes-400-Liste, ist das noch lange nicht so. Schluss mit dem Schleimen!

Steinbock und Jungfrau Nichts, was das eine Erdzeichen tut, kann jemals gut genug für das andere Erdzeichen sein. Es ist also wesentlich günstiger, diese Beziehung gar nicht erst zu beginnen.

150

Steinbock und Waage Als letztes Kardinalzeichen ist die Waage schlau genug und lässt den Steinbock glauben, er sei am Ruder. So kann sie mit ihm (und seinen Fonds) machen, was sie will.

Steinbock und Skorpion Der Steinbock sollte rein geschäftlich bleiben, sonst versuchen beide, sich gegenseitig zu kontrollieren. Einer muss dabei verlieren – und es ist meist nicht der Skorpion.

Steinbock und Schütze Die im tiefsten Inneren verborgene Ziege liebt den Schützen, doch dem nach außen hin so coolen Steinbock-Buchprüfer gerinnt das Blut, wenn er herausfindet, dass der Schütze absolut nicht versicherbar ist.

Steinbock und Steinbock Wo soll das hinführen? Erst versuchen sie sich an Klasse, dann an Geiz zu übertreffen. Eine absolute Pattsituation. Wenn beide ausbrechen, wird es unansehnlich.

Steinbock und Wassermann Der Steinbock ist Mr. Vernunft, der Wassermann der jugendliche Rebell. Er bleibt, weil der Steinbock ihn noch stärker als Exzentriker erscheinen lässt.

Steinbock und Fisch Der Fisch verleitet den Steinbock dazu, die Elternrolle zu spielen, damit er ihm später alle Schuld geben kann – wenn er beispielsweise dessen edlen Single Malt runterkippt.

Treulose Tomate?

Schwer zu sagen, denn nur wenige erfahren, dass sie tatsächlich sein Objekt der Liebe sind (und somit mögliche Abservierte), und der Steinbock hält es auch gerne so. Er ist ein ernsthafter Mensch; wenn er hintergeht, ist das rein geschäftlich. Tief in seinem Ehevertrag versteckt sich eine Klausel (mit rosaroter Brille unlesbar), die ihm erlaubt, sich jemandem mit mehr sozialem Ansehen, Geld und Grundbesitz andienen zu dürfen.

RACHE AM STEINBOCK

An sein Konto kommt man nicht heran (absolut wasserdicht), also muss man da ansetzen, wo es ihm wehtut: bei seiner Arbeit. Man erzählt den Kollegen, sein Vater sei Hilfsarbeiter, schickt dem Chef ein Bild von ihm bei der Konkurrenzfirma (wozu gibt es Bildbearbeitungsprogramme?) und motzt sein diskretes Auto unvorteilhaft auf.

Treue Seele oder Betrüger?

Herz? Welches Herz?

Das Herz des Steinbocks zu finden ist schwer genug, ob er betrügt, ist noch weniger auszumachen, aber unwahrscheinlich. Er liebt Sicherheit und Ordnung, glaubt an die Ehe als praktische Institution, um Geld und Besitz zu binden, und wird all diese wichtigen Dinge für etwas so Triviales wie ein paar Ausschweifungen mit einem anderen nicht aufs Spiel setzen, nur weil der ansehnlich ist. Die lüsterne Ziege wird entweder durch Mitgliedschaft in einem Swinger-klub voller Ziegen mit gleichem Interesse befriedigt oder durch rein geschäftliche Transaktionen mit dem Skorpion. Der Steinbock serviert selten jemanden ab, denn schließlich hat er einen bindenden Vertrag und möchte ungern Strafe zahlen. Wird er betrogen, ist seine Rache groß und reicht über Generationen, denn meist bringt sie finanziellen Ruin.

Typische Steinbock-Ausreden

Egal, wie die Beschwerde lautet, der Steinbock unterstreicht nur kurz die passenden Klauseln im Ehevertrag, die seine Unschuld beweisen und diesen Vorgang mit einem fetten Verwaltungshonorar entlohnen. Der Ziege ist es egal, sie macht sowieso, was sie will.

Ehevertrag

Hier ist der Steinbock in seinem Element, denn in die Zukunft und für Eventualitäten zu planen sind genau sein Ding. Neben dreifach abgesicherter Wasserdichtigkeit enthalten seine Verträge eine Klausel, die ihm erlaubt, seinen Taschenrechner mit ins Bett zu nehmen sowie eine sehr versteckte Zeitbombe, nach der er alles erhält und der andere leer ausgeht – ganz egal, wie treu der Partner ist.

Venus und Steinbock

Gezügelte Leidenschaft

Die Venus hat es mit dem Steinbock ein wenig schwer, da er von Saturn, dem miesen Billigheimer, beherrscht wird, der ihr das Taschengeld streicht und keinen Luxus billigt. Vor allem ist Saturn ein alter Griesgram, aber wie die meisten alten Griesgrame ist er beizeiten auch ein alter Lüstling – und genau dann lassen Steinbock und Venus es so richtig krachen. Laut astrologischer Regeln (siehe Seite 8–9) steht die Venus beim Steinbock in Steinbock, Skorpion, Schütze, Wassermann oder Fische.

Berühmte Steinböcke

Elvis Presley, 8. Januar 1935
Der King. Hüftschwingender Rock-Gott, schon seit 30 Jahren tot und immer noch heiß – was beweist, dass alte Säcke nicht unbedingt wie Waldorf oder Mao sein müssen.

Marlene Dietrich, 27. Dezember 1901
Anzüge tragendes, bisexuelles Mannweib, Cabaret-Künstlerin und Hollywood-Ikone. Höchstbezahlte Schauspielerin ihrer Zeit, Politikermaitresse und Megaziege.

Venus im Steinbock

Steht die Venus beim Steinbock zusätzlich im Steinbock, ist er unter dem Laken entweder todlangweilig oder der unwahrscheinlichste Lustteufel. Arglose Opfer, die nur mit einem ereignislosen Abend rechnen, an dem warmes Wasser geschlürft und die Kursentwicklung der gegenseitigen Aktienpakete überprüft wird, können sich auf eine saftige Überraschung gefasst machen, wenn dieser Steinbock seinen Dreizack auspackt.

Venus im Skorpion

In dieser Konstellation kombiniert Venus unstillbare Lust, Kontrollsucht und eine Fixierung auf Status und Hierarchie. Dieser Steinbock ist Gründer und Präsident des örtlichen Satanistenklubs und darf alle Jungfrauen, die sich bereitwillig opfern, zuerst testen.

Venus im Schützen

Venus ein wenig lebhafter, behält aber das Endergebnis fest im Auge. Zwischen zwei Konferenzen in der Bank von Schanghai zieht sie ihr Opfer gerne in den verglasten Aufzug, drückt auf „Aufwärts" und lässt die Erde hinter sich.

Venus im Wassermann

Die Mr.-Cool-Konstellation: Das Sekretariat des Steinbocks kontaktiert das des anderen. Nach Abgleich der Termine wird ein zweiminütiges Lustfenster gefunden. Man erfüllt seine Pflicht, checkt aber gleichzeitig den Dow Jones auf dem Smartphone.

Venus in Fische

Dies kombiniert die Quengelkünste einer Achtjährigen mit der Spitzfindigkeit eines Steueranwalts. Dieser Steinbock ziert sich sehr offensiv, lässt sich fangen und binden und gibt bis zum Ehevertrag Ziegenmeckern von sich. Dann benimmt er sich bei den Freunden des Partners so schlecht, dass der ihn verlassen muss. Daraufhin verklagt ihn der Steinbock skrupellos wegen Vertragsbruchs.

Wassermann

21. Januar – 19. Februar

Erforscher der menschlichen Existenz mit besonderem Interesse an Paarungsverhalten und Bindungsritualen sucht interessante Forschungsobjekte und neues Material für seine Datenbank. Benötige Beiträge aller Altersgruppen, Geschlechter, Klassen und Spezies; Gruppenanträge sehr willkommen. Bewerber aus einer anderen Zeitzone können mir auf meiner Website alles Notwendige zukommen lassen – von mir erhalten sie nichts. Gefühle von Wärme oder Zuneigung, die Du unter Umständen während des Programms empfindest, werden garantiert nicht erwidert, und (vielleicht erforderliche) Therapiekosten werden nicht erstattet.

One-Night-Stand

Eine sehr effiziente Art, Daten zu sammeln. Da der Wassermann freundlich, offen und ein Verführer auf Augenhöhe ist, kann er in kurzer Zeit eine repräsentative Auswahl (aller Geschlechts- und Altersgruppen) zusammentragen. Ist es seine Schuld, dass sie gedacht haben, er sei persönlich interessiert?

Zwei Jahre Liebe

Der Wassermann hält es für eine gute Gelegenheit, in die Tiefe zu gehen und wichtige Informationen zum Paarungsverhalten zu ergattern. Allerdings könnte er gut auf das ganze Getue und das Klammern verzichten – und auf die Bettelei, wenn er nach zwei Jahren genau nach Plan Schluss macht.

Langzeitbeziehung

Experten sagen, sie erfordert viel Nähe und Hingabe – also ist der Wassermann selbstverständlich anderer Meinung, geht eine arrangierte Ehe z. B. mit einem tibetischen Sherpa oder Inuit-Robbenfänger ein und bleibt (als Fixzeichen) natürlich treu, trifft denjenigen aber nie wirklich.

Verliebter Wassermann

Kühl, ironisch, unnahbar

Für den Wassermann ist Liebe viel zu sehr mit klebrig süßer Kuscheligkeit überfrachtet. Natürlich mag er alle Menschen, vor allem die Bekloppten, aber das Individuum, das zum Klammern neigt und ständig fragt, ob man es wirklich liebt, ist lästig. Eigentlich will er nur in Ruhe seine Comics lesen. Ab und zu verknallt er sich (manche Menschen sind eben niedlich), aber als rational denkender Mensch beschließt er schnell, dass das nur mit Hormonen und Spiegelung der Körpersprache zusammenhängt und bald vorbeigeht. Für lesbar und altbacken gehalten zu werden wäre das Schlimmste für ihn, auch wenn er sich wirklich, ehrlich und ganz doll verlie… niemand würde es seiner kühlen, distanzierten Art anmerken.

Klammeraffe?
Nichts liebt der Wassermann mehr, als das Objekt seiner Begierde zu beobachten – näher will er aber gar nicht ran.

Sprücheklopfer?
Nicht absichtlich, aber wenn einer „heiß" sagt, muss er „kalt" sagen und umgekehrt – was also auf dasselbe hinausläuft.

Schnorrer?
Im Gegenteil. Geld ist vulgär und profan. Der Wassermann ist eher für die Armen und Bedürftigen; da fühlt er sich überlegen.

Anmachsprüche
Für konventionellen Small Talk ist er viel zu cool. Er fasziniert durch:
- Umherschleichen im langen schwarzen Ledermantel und mit topmodischer Sonnenbrille.
- Nur Estnisch sprechen.
- Einschlafen!

Dates mit dem Wassermann

Immer auf Kontra

Der Wassermann bekommt immer ein Date oder zumindest so etwas Ähnliches, denn es gibt immer irgendwo jemanden, der auf Exzentriker steht (nur selten ist es ein anderer Wassermann, der an ihm nichts exzentrisch finden kann). Ein Date mit ihm ist nichts für Feiglinge, denn er ist immer kontra eingestellt. So kommt er zum Abendempfang in Hawaiihemd und Bermudashorts, erscheint in Frack und Kummerbund zum Flohmarkt und bringt zum ersten Essen mit den Eltern einen ausgestopften Alligator mit.

Er liebt Speed-Dating, das effizienteste Balzritual, dem er je begegnet ist. Allerdings ist er an allen so nervtötend interessiert, dass niemand ihn auswählt – außer der Jungfrau, die sich bei dem Versuch, ihn auf Linie zu bringen, vollkommen verausgaben wird.

Leute, die gerade mit Vernunft nichts am Hut haben, finden ihn bei Trekkie-Partys, IT-Seminaren, okkulten Aufnahmeritualen, in Suppenküchen oder in Physikalischen Instituten von Unis mit klasse Teilchenbeschleuniger.

Bei Dates mit dem Wassermann ist man nie mit ihm allein, denn dann schlägt seine Klaustrophobie durch. Mit Doppeldate meint er: er und drei andere Leute. Das ist aber nicht so aufregend, wie es klingt. Nach einem Abend in seinem derzeitigen Lieblings-Fetisch-Klub (letztes Jahr war es der mit den Plüschtierkostümen) oder einem Kinobesuch (*Eraserhead* oder *Oklahoma!* – er hasst es, durchschaubar zu sein) spielt er mit allen Blitzschach mit den Gewürzdosen in einem Nacht-Bistro. Wenn es je zum dritten Date kommt – das reizt ihn eigentlich immer –, gehen alle mit zu einem der drei, da er selbst gerade aus Forschungsgründen aus dem Karton lebt. Er ruft immer zurück – etwa ein Jahr später.

Romantikbarometer

- glühend
- brennend
- heiß
- warm
- kühl
- kalt
- unterkühlt

Geschenke der Liebe

Geschenke machen dem Wassermann Angst, denn in den meisten Kulturen gelten sie als eine Anbahnung zu stärkeren Intimitäten, und er könnte in eine Falle tappen. Daher macht er abartige Geschenke, die keiner will: z. B. eine Schneekugel der Mojave-Wüste oder ein eingelegtes Ohr (nicht unbedingt sein eigenes).

Im Internet

Lieblingsort des Wassermanns! Eine Glaswand zwischen ihm und dem Universum ist behagliche Realität. Hier kann er sein, wer und wie alt er auch immer sein will. Hier stöbert er ausdauernd und manipuliert menschliche Gefühle, ohne die Konsequenzen sehen zu müssen. Man wird ihn nie finden, denn als Computerfreak hinterlässt er keinen digitalen Fingerabdruck. Am liebsten wäre er immer online, lockt Dates daher gern in Cafés oder Bars mit W-LAN, setzt sie an sein Zweit-Laptop und chattet fröhlich, während er neben ihnen sitzt.

Das macht den Wassermann heiß

Robocop! Der Wassermann liebt es, sich zu verkleiden. Hinter der Maske sieht auch keiner sein lüsternes Grinsen. Schwebender, schweißfreier Sex in der Schwerelosigkeit. Beobachten und beobachtet werden. Toll wäre auch, in Motion-Capture-Anzügen Sex zu haben und die 3-D-Grafik zu sehen! Falls nichts davon geht, kann er sich immer noch befriedigen, indem er in *World of Warcraft* mit seinem Blutelfen-Paladin eine Draenei-Kämpfer-Königin entbeint.

Bettakrobatik

Der Wassermann bringt es gern hinter sich. Sein Herrscherplanet ist Uranus (Ur-Anus – ha, ha, ha). Diesem blöden Wortspiel muss er ja keine Taten folgen lassen, tut es aber, da er aus wissenschaftlichem Interesse alle Stellungen und Kombinationen austestet. Aber sie sind ihm alle zu körperbetont. Er liebt Telefonsex (durch Reden zum Höhepunkt) oder den neuesten Hype aus Japan: Luftsex, also nur Bewegungen in der Luft, ohne Partner und ohne lästige Verpflichtungen hinterher.

Sex mit dem Wassermann

Fern und gesteuert

Durch einen Softwarefehler werden Gefühlswahrnehmungen nicht direkt, sondern mit Verzögerung ans Gehirn geleitet. So kann der Wassermann die eingehenden Gefühlsdaten direkt bewerten, bestimmen, ob er sich vergnügt, und fade Stellen gleich löschen. Emotional ungeschützter Sex oder gar von der Lust übermannt zu werden kommt bei ihm nicht vor – meist hat er nebenher immer noch Zeit für seine Notizen. Er ist also immer kontrolliert, was gut ist; aber er wartet eben auch immer gelangweilt, bis der andere wieder runterkommt oder aufwacht. Die Zeit nutzt er z. B., um ein Loch zum Schlafzimmer der Nachbarn zu bohren und eine Spy-Cam zu installieren und zu beobachten, wie sie es tun. Oder er lädt für ein wenig Abwechslung Freunde ein. Oder noch besser: Er schlägt einen Unterwäschetausch vor und spielt *Die Körperfresser kommen.*

Wassermann und Mars

Wie wir wissen (siehe Seite 9), ist Mars der Planet der schweißtreibenden Action. An welcher Stelle er im Geburtshoroskop steht, sagt aus, wie weit man zu gehen bereit ist, um zu bekommen, was man haben will. Da der Wassermann das Zeichen des Intellekts und der Distanziertheit ist, geht er nie sehr weit, selbst wenn der Mars in Wassermann und Sonne steht. Partner, die mit ihm einen Höhenflug zum Mond erwarten, starten besser ihre eigene Rakete.

Sexspielzeug

Fesseln oder etwas Ferngesteuertes. Am meisten wünscht sich der Wassermann aber ein Orgasmatron, die begehbare Orgasmusmaschine aus Woody Allens *Der Schläfer.*

163

Unverträglichkeitsliste
Der Wassermann gegen den Rest der Welt

Optimisten sagen, der Wassermann (maskulin, Luft, fix, pervers) käme am besten mit anderen Luftzeichen (Zwillinge, Waage) aus, die ihn verstehen, und am schlechtesten mit Stier, Löwe und Skorpion (den anderen Fixzeichen, die keine Kompromisse eingehen). Wir aber zeigen, dass niemand so richtig zu ihm passt. Und zwar deshalb:

Wassermann und Widder Ein bis zwei Widder folgen dem Wassermann immer, da sie sein Zieren magisch anzieht. Er sollte sie nicht aggressiv zu verjagen suchen, das macht sie nur noch mehr an.

Wassermann und Stier Der Stier ist auch fix; einfach cool sein, bis er wieder geht, hilft dem Wassermann also nicht, denn hat sich der Stier etwas in die Hörner gesetzt, gibt er so schnell nicht auf.

Wassermann und Zwilling Beim Mit-Luftzeichen Zwilling ist der Wassermann sicher vor Kuschelattacken, aber tiefe Blicke, während der Zwilling seine Kreditkarte streichelt, sind ihm gewiss.

Wassermann und Krebs Der Krebs denkt, der Wassermann sei nur in einer schwierigen Teeniephase (mit 32!), und vergibt ihm alles. Um seinem Scherengriff zu entgehen, muss der echt fies sein.

Wassermann und Löwe Als fixer Gegenpol will der Löwe Hollywood und Oscars und der Wassermann Cannes und Goldene Palme. Das erste Date endet mit unüberbrückbaren künstlerischen Differenzen.

Wassermann und Jungfrau Der Wassermann liebt Logik, aber seine Freiheit liebt er mehr. Also schleicht er sich heimlich aus der Soja-Bar (und der Stadt), während sie sein Laptop neu organisiert.

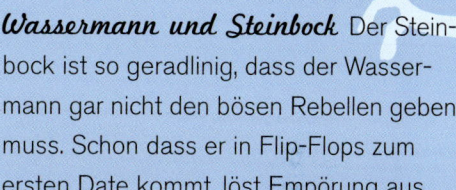

Wassermann und Waage Als kardinales Luftzeichen badet die Waage im Rampenlicht. Sie ist von der Venus, der Wassermann nicht, also hält es nur so lang, wie er sie gut aussehen lässt.

Wassermann und Skorpion Ebenfalls fix, riecht der Skorpion Verderbtheit und bringt zum dritten Date die Peitsche mit. Der Wassermann hasst es, durchschaut zu werden, und trägt einen Keuschheitsring.

Wassermann und Schütze Ideal für den Wassermann, denn jeder fragt sich, was eine so coole Katze wie er mit dem laut bellenden Schütze-Hund will – und er liebt es doch, Rätsel aufzugeben.

Wassermann und Steinbock Der Steinbock ist so geradlinig, dass der Wassermann gar nicht den bösen Rebellen geben muss. Schon dass er in Flip-Flops zum ersten Date kommt, löst Empörung aus.

Wassermann und Wassermann Sie sitzen im In-Café und ignorieren einander demonstrativ; das war die Idee einer Jungfrau, die meinte, „ihr zwei Exzentriker könntet zueinanderpassen". Falsch gedacht!

Wassermann und Fisch Emotionale Erpressung ist beim Fisch das Mittel der Wahl. Da der Wassermann keine Gefühle hat, funktioniert es nicht, also schwimmt der Fisch davon, bevor die Rechnung kommt.

Treulose Tomate?

Die Ratte im Laufrad: Je anhänglicher und unselbstständiger der/die Geliebte wird, desto kühler und distanzierter wird der Wassermann; je mehr der andere einfordert, desto unnahbarer wird er. Also gibt der andere auf und wird selbst unnahbar, was der Wassermann unwiderstehlich findet und was ihn anmacht. Also wird der andere wieder anhänglich, woraufhin der Wassermann wieder den Rückzug antritt. Das Spiel kann ewig so weitergehen.

RACHE AM WASSERMANN

Alles, was man probiert, findet der Wassermann höchst interessant, und er möchte Motiv und Methode diskutieren. Man outet ihn am besten als Normalo, lädt Bildchen von ihm bei Aldi in seinen Webring, meldet ihn im Celine-Dion-Fanklub an und verrät seiner Mutter, wo er wohnt.

Treue Seele oder Betrüger?
Rein theoretisch

Um jemanden betrügen zu können, muss man zunächst eine enge Beziehung haben – der Wassermann achtet immer penibel darauf, dass das nicht passiert. Er erklärt mit zur Weißglut bringender Gelassenheit, dass niemand einen anderen besitzt und es uns allen freisteht, zu tun, was wir wollen – vor allem ihm. Es ist nicht seine Schuld, dass alle anderen nach veralteten Verhaltensmustern leben. Wenn er betrügt, ist es entweder im Web oder eine Affäre, die seiner Meinung nach seinen Status quo nicht gefährdet. Passiert das dennoch, ist er überrascht, wenn jemand mit dem Brecheisen auf ihn losgeht. Und er versteht wirklich nicht, warum sein Partner noch wütender wird, wenn er sagt: „Liebling, er/sie bedeutet mir nichts!" Wird er abserviert, stört ihn das nicht, oder er hält es für einen tollen Eröffnungszug für ein neues Spiel.

Typische Wassermann-Ausreden

Der Wassermann redet sich nicht heraus, er liefert vollkommen logische Erklärungen: „Ich habe unseren Jahrestag nur vergessen, weil ich eine interessantere Person in der Bar getroffen habe." Wenn er sagt: „Ich brauche mehr Raum", meint er das genau so, aber keiner glaubt ihm.

Der Ehevertrag

Der Ehevertrag des Wassermanns liest sich wie die Erklärung der diplomatischen Immunität und ist voller Schlupflöcher, die ihn jeglicher persönlicher Verantwortung für alles entbinden. Den Vertrag unterzeichnet er nicht, sondern präsentiert eine biologisch abbaubare Version – in Sanskrit oder COBOL in ein Stück Butterkäse oder Baumrinde (mit FSC-Siegel) geschnitzt: Der Vertrag zerfällt, sobald er sich aus dem Staub macht.

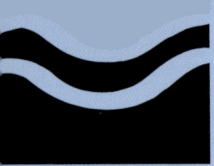

Venus und Wassermann
Gegensätze ziehen sich an

Wassermann und Venus passen eigentlich überhaupt nicht zusammen. Sie spielt mit den Sinnen und Gefühlen, bis alle blind vor Verlangen nach körperlicher Hingabe sind, aber Verlangen und Hingabe kommen beim Wassermann nicht vor. Also sitzt sie bei ihm oft schmollend in der Ecke. Er hingegen findet sie enorm anziehend, sobald sie sich so zurückzieht. Laut astrologischer Regeln (siehe Seite 8–9) kann die Venus beim Wassermann nur in Wassermann, Schütze, Steinbock, Fische und Widder stehen.

Berühmte Wassermänner

James Dean, 8. Februar 1931
Noch cooler und schwerer herumzukriegen geht wohl kaum. Profirebell ohne gerechte Sache. Böse, launisch, großartig und androgyn. Starb jung und schön.

Colette, 28. Januar 1873
Rebellische, Konventionen sprengende, bisexuelle französische Autorin, begeisterte Zerstörerin von Stereotypen; Schöpferin der süßen, aufreizenden *Claudine* (1900) und des Lustknaben *Cheri* (1920).

Venus im Wassermann

Steht Venus beim Wassermann zusätzlich im Wassermann, ist er die von allen angehimmelte Eiskönigin, die niemanden an sich heranlässt. Diese ganzen physischen Begehrlichkeiten und all das Persönliche stoßen ihn ab. Er hat seine Partner lieber online, in knapper Unterwäsche und auf der anderen Seite des Globus, sodass sie ihn auf gar keinen Fall jemals besuchen kommen.

Venus im Schützen

Diese Venus wärmt den Wassermann ein paar Grad an – aber vielleicht ist das auch nur die Reibungswärme der Gurte, mit denen er sich für den Sex-Fallschirmsprung an den Partner kettet. Er bleibt den gesamten Sprung über cool und hat die Landung noch nie verpasst.

Venus im Steinbock

Bei dieser Konstellation ist der Wassermann hartherzige Muse mit Wirtschaftsdiplom. Sein kühler Charme lockt Genies, Kultautoren, Rockstars und Konzeptkünstler scharenweise an. Er lässt deren Ruhm auf sich abfärben, und wenn sie reich, berühmt und tot sind, erbt er alles, inklusive ihrer Tantiemen.

Venus in Fische

Schwimmt Venus mit den Fischen, bedeutet das emotionale Manipulation – beim Wassermann die aalglatte, kaltherzige Variante. Selbstverliebte denken, er sei ein Schwächling, bis er in der nächsten Mittags-Talkshow alles ausplappert.

Venus im Widder

Diese Konstellation gibt dem Raketenantrieb des Wassermanns mehr Schub und Intensität. Er filmt die Action mit dem Handy, schickt dem/der Geliebten die Bilder und lässt ihn/sie fallen, bevor er/sie sie herunterladen kann. Er muss weiter, aber so hat das frühere Objekt der Begierde wenigstens eine Erinnerung – nicht nur den Ausschlag.

Fische

20. Februar – 20. März

Verträumte, ziellose, sentimentale, hochsensible Pflanze sucht Streicheleinheiten, bedingungslose Liebe und ein kostenfreies Leben. Als hochtalentiertes (Pulitzer-Preis), kreatives (Retrospektive im MoMA) und fürsorgliches (früher Mutter Teresa beraten) menschliches Wesen würde ich gerne das Leben genießen, bin aber durch die Kleinlichkeit anderer und das böswillige Einfrieren aller Konten derzeit eingeschränkt. Wenn du ein Pferd, eine glänzende Rüstung und eine fette Geldbörse hast und obendrein versprichst, mich nie zu kritisieren, erzähle ich dir gerne eine meiner Lebensgeschichten.

One-Night-Stand

Ist der Fisch in einer festen Beziehung, kommt ein One-Night-Stand nur einmal (vielleicht zweimal) vor. Es ist aber rein therapeutisch: Er leidet darunter, dass er vom eigenen Partner nicht genug geliebt wird, also ist der schuld, dass er Trost bei Fremden sucht – manchmal gleich mehrmals pro Nacht.

Zwei Jahre Liebe

Das ist eine lange Zeit im selben Aquarium und funktioniert eigentlich nur, wenn beide im Gefängnis oder in der Entzugsklinik sind oder man sie mit Vollservice in die Penthouse-Suite des Ritz einsperrt. Doch selbst dann kommt es noch vor dem Entlassungsdatum zu zwei weiteren Verlobungen.

Langzeitbeziehung

Dazu braucht der Fisch jemanden mit Hingabe und viel Realitätssinn oder einen Partner, der dauerhaft im Wachkoma liegt (so kann man mit Selbstaufopferung Punkte sammeln). Allerdings: Dauerhaft jemanden im Haus zu haben, den man für alles verantwortlich machen kann, ist auch sehr verlockend.

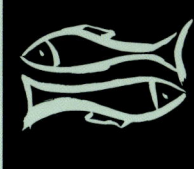
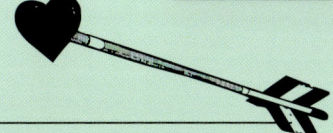

Verliebter Fisch
Die große Liebe – mal wieder

Viele nennen den Fisch einen sentimentalen Narren, nur weil er verliebt ist – nur eben alle fünf Minuten in eine andere Person. Das vorherige Objekt der Begierde war nämlich gemein zu ihm und wollte seine Kreditkarte zurück. Der Fisch ist für diese Welt zu fragil. An einer bestehenden Beziehung zu arbeiten ist für seine zerbrechliche kleine Seele emotional viel zu aufwühlend. Also lächelt er tapfer, zieht weiter und sucht sich jemanden,

der seinen empfindlichen Kern wirklich zu schätzen weiß und keine verletzenden Bemerkungen über vergeudete Wochenenden macht. Das ist die große Liebe (der Hochzeitstisch wird bestellt). Doch da erspäht er in der Bar jemanden, dessen Verständnis noch größer scheint …

Klammeraffe?
Eigentlich nicht, aber der Fisch erniedrigt sich gerne vor gemeinen Geliebten, um demonstrativ vor aller Welt zu leiden.

Sprücheklopfer?
Der Fisch ändert alle 7,5 Sekunden die Meinung und hat kein Kurzzeitgedächtnis. Wer weiß, was er meint, wenn er „ja" sagt?

Schnorrer?
Na klar! Er verliert jeden Job, und seine Schulden sind so hoch wie Japans BSP. Egal, das ist die Welt dem Fisch schuldig.

Anmachsprüche

Seine Verführungstechnik ist die emotionale Erpressung. Gern genommen:
- 💜 Ich habe nur noch sechs Monate zu leben.
- 💜 Ich komme gerade aus Afghanistan.
- 💜 Meine Freundin liegt im Koma.

Dates mit dem Fisch

Spürst du die Not?

Der Fisch ist zwar ein Waschlappen, bekommt aber immer ein Date, denn er hat erkannt, dass es einen riesigen Markt gibt, wenn man nicht gerade auf Alphatierchen steht. Wenn in einer Mittags-Talkshow mal wieder so ein armes hässliches Entlein über sein erfülltes Sexleben plaudert und man sich fragt: „Mit wem?", dann lautet die Antwort meist: mit einem Fisch! Er sucht gezielt Topfgesichter, Außenseiter oder psychisch Labile und denkt, sie müssten ihm dankbar sein und begierig, sein Bedürfnis nach uneingeschränkter Zuneigung, gegenseitiger Abhängigkeit und emotionalen Abgründen, in die man sich stürzen kann, zu erfüllen – ein Traum für den Fisch.

Das Angeln im Ausschussbecken ist aber nicht seine einzige Option. Speed-Dating ist bei seiner kurzen Aufmerksamkeitsspanne genau richtig. Leider kommt er immer zu spät oder zum falschen Ort,

weil niemand ihn erinnert hat. Schafft er es dennoch, kann er sich so lange nicht entscheiden, bis er mit jemandem von der Putztruppe ausgeht, die ihn rausschmeißt. Menschen mit emotionaler Todessehnsucht finden ihn auf Streifzügen durch die Bars, als einfühlsamen Profizuhörer bei Selbsthilfegruppen jeder Couleur oder im Beichtstuhl.

Der Fisch trifft sich in seiner ranzigen Lieblingskneipe und kommt eine Stunde zu spät oder drei Tage zu früh. Der andere kommt kaum zum Trinken, weil er ihm vorheult, wie missverstanden er sich fühlt, ihm tief ins Auge blickt und schluchzt: „Du bist der/die Richtige!"

Der Fisch schafft es immer bis zum dritten Date, weil er Klette ist, auf Mitleid setzt – und dem anderen den Schlüssel klaut. Es geht immer in die Wohnung seines Objekts der Begierde. Er ruft nicht zurück, weil er sein Handy verloren hat.

Romantikbarometer

- glühend
- brennend
- heiß
- warm
- kühl
- kalt
- unterkühlt

Geschenke der Liebe

Der Fisch verschenkt meist etwas, was er von jemand anderem bekommen hat und nicht mehr haben möchte. Oder etwas Geklautes. Er beteuert stets, er verschenke ja sein Herz, und fragt triefäugig, ob das denn nicht genug sei? Eigentlich nicht, denn es hängt am Gummiband, und er zieht es zurück, wenn ihm danach ist.

Im Internet

Wo sonst könnte man so schön die Realität beständig den eigenen schwankenden Bedürfnissen anpassen? Hier kann der Fisch sein, wer er will, seine Fantasien ausleben (davon hat er viele), Fotos bei Partneragenturen einstellen, die zeigen, wie er gerne aussähe – oder hätte aussehen können, hätte Mami seine Traumnase bezahlt. Und er kann all die kleinen Flunkereien erzählen, die er so liebt: Er hat Sushi zu Mittag gegessen (eigentlich ein Brötchen), stirbt an der Strahlenkrankheit etc. – und niemand regt sich sonderlich darüber auf.

Das macht den Fisch heiß

Da sein Leben ein einziges Fantasiegespinst ist, ist der Schritt zu Sexfantasien, die den Fisch noch heißer machen, ein kleiner. Sie drehen sich um Selbsterniedrigung und sklavisches Kriechen: mit dem eigenen Netz an den Bettpfosten gefesselt Dirty Martini trinken müssen oder mit Hundeleine im Mund auf allen vieren herumkriechen und „Böser Hund" spielen – alles eben, bei dem er die Kontrolle abgibt und hinterher den anderen beschuldigen kann, wenn etwas schiefgeht.

Bettakrobatik

Niemand kennt die bevorzugte Stellung des Fisches, da er ständig seine Meinung ändert. Partner, die sich auf „Ziege und Baum" eingestellt haben (letzte Woche der Favorit), werden unsensibel genannt und der Untreue beschuldigt (wo sonst haben sie so etwas Abstoßendes her?). Sitzpositionen lassen die Hände frei, um Korkenzieher zu bedienen und einzuschenken. Am liebsten überlässt der Fisch aber alle Arbeit dem anderen. Wenn er dann einschläft, ist der andere schuld

Sɛχ mıt dɛm Fıꜱꜧ

Den Haken beködern

Sex mit dem Fisch ist ein Glücksspiel. Erstens hat er eine chronische Harnröhrenentzündung (geheilt werden will er nicht, denn ohne Krankheit ist er weniger interessant), und dann weiß man nie, wann er plötzlich „Ich habe Kopfweh" jammert, weil er es sich – wieder – anders überlegt hat und gerne das Opfer gibt (wegen der vielen Aufmerksamkeit).

Natürlich hat der Fisch Sex – schließlich ist er wendig und kann sich sogar 90 Sekunden lang konzentrieren. Aber was ihn angeht, ist der Sex nur ein Köder, mit dem er aussichtsvolle Kandidaten dazu bringt zu sagen, dass sie ihn lieben (in der Hitze des Gefechts passiert das recht schnell – außer dem Skorpion). Dann hat er denjenigen, kann jammern und betteln und die Daumenschrauben der emotionalen Erpressung nach Herzenslust anziehen („Aber du hast doch gesagt, dass du mich liebst!").

Fische und Mars

Wie wir bereits wissen (siehe Seite 9), steht Mars für „schnell und heftig". An welcher Stelle er also im Geburtshoroskop herumschraubt, bestimmt, was für ein stürmischer Liebhaber man ist. Leider steht das Sternzeichen Fisch für verworren und langsam, ist also die Löschdecke für das lodernde Inferno des Mars. Steht Mars in Fische und Sonne, brauchen beide Seiten eine galaktisch hohe Dosis animierender blauer Pillen, damit überhaupt etwas zustande kommt.

Sexspielzeug

Für seine Fetischfreunde trägt der Fisch 15-cm-Stilettos und Nerz-Zehenringe und hat einen putzigen Quietscheentchen-Vibrator für die Badewanne – gefühlsecht.

Unverträglichkeitsliste

Der Fisch gegen den Rest der Welt

Optimisten sagen, der Fisch (feminin, Wasser, veränderlich, Fanatiker) käme am besten mit anderen Wasserzeichen (Krebs, Skorpion) aus und am schlechtesten mit Zwilling, Jungfrau und Schütze (den anderen Veränderlichen, die Inkonsequenz verehren). Wir aber zeigen, dass niemand so richtig zu ihm passt. Und zwar deshalb:

Fisch und Widder Der Widder ist Leitwolf, der Fisch auf Heldenfang – unabhängig vom Geschlecht. Bevor er unterzeichnet, sollte der Widder jedoch bedenken, was jedem Leitwolf irgendwann widerfährt.

Fisch und Stier Er zahlt die Therapie des Fisches und gibt ihm alles. Also betrügt der Fisch den Stier und verklagt ihn, nachdem der den Fisch aus Wut zu Fischmehl verarbeitet hat.

Fisch und Zwilling Auch veränderlich, versteht der Zwilling die Stimmungsschwankungen und stellt dem Fisch einen Bekannten vor, der helfen kann. Wie kann der Fisch dieses Angebot ablehnen?

Fisch und Krebs Der Fisch beweist dem Mit-Wasserzeichen Krebs aus reiner Solidarität mit solcher Inbrunst, wie nutzlos und unzulänglich er ist, dass keine Zeit für Selbstmitleid bleibt – so selbstlos ist er.

Fisch und Löwe Der Fisch ist zwar der größte Speichellecker des Tierkreises, sollte sich aber nicht überschätzen. Merkt der Löwe, dass er es nicht ehrlich meint, zerlegt die Katze den Fisch.

Fisch und Jungfrau Als veränderlicher Gegenpol lässt die Jungfrau eine Rolex springen, solange sie glaubt, am Ruder zu sein. Der Fisch sitzt erst in der Klemme, wenn sie sie zurückhaben will.

Fisch und Waage Bei der Waage bemüht sich der Fisch wirklich – schließlich sind sie beide Charmebolzen. Aber sobald die Waage merkt, dass er kein Geld hat, ist alles vorbei.

Fisch und Skorpion Der Skorpion ist Mit-Wasserzeichen, aber fix, also ist der Fisch seine natürliche Beute, immer bereit, sich unaufgefordert zu erniedrigen – der Skorpion ist eh an allem schuld.

Fisch und Schütze Der veränderliche Schütze ist das Feuer zum Wasser des Fisches. Horrorpaar für jeden Barbesitzer: Erst trinken sie den Laden leer, dann zünden sie ihn an und türmen.

Fisch und Steinbock Ein Date mit dem Steinbock ist wie ein Abend mit Papa: Zu jedem Tequila gibt's einen Schuss Missbilligung. Nur wenn die Ziege durchbricht, sind sie sechs Tage lang verschwunden.

Fisch und Wassermann Auf einer Party finden sie unter Drogeneinfluss zueinander. Wieder klar, merkt der Wassermann, dass der Fisch die Sterne für „Gottes Blümchenkette" hält, und geht.

Fisch und Fisch Kernschmelze! Nach dem ersten Date findet man beide emotional ausgelaugt in einer Pfütze aus billigem Rotwein, ihr Selbstmitleid ersäufend. Alles die Schuld des anderen!

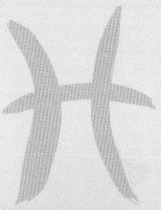

Treulose Tomate?

Super fies! Wenn es auch nur ein wenig
schwierig wird – jemand z. B. erwartet,
dass der Fisch zumindest ab und zu nachts
zu Hause ist – oder er sich unter Druck
gesetzt fühlt – weil der Partner fragt, was
er zu Abend essen möchte, ohne Auswahl
zu bieten – oder eine bessere Gelegenheit
vorbeischwimmt, ist er weg und lässt Partner,
Kinder, Gläubiger etc. im Regen stehen. Er
fühlt sich aber nie schuldig oder sieht zurück,
denn schuld sind immer die anderen.

RACHE AM FISCH

Nicht auf ihn eingehen! Wenn man
sich am Fisch rächt und sein Geld
einbehält, fühlt er sich betrogen und tut
sich leid, was er unheimlich gern tut.
Um sich besser zu fühlen, verrät man
seinen Kollegen, in welcher Bar er sich
herumtreibt, wenn er krankgeschrie-
ben ist, und ignoriert ihn dann einfach.

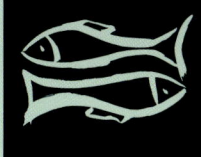

Treue Seele oder Betrüger?

Schau, wozu du mich bringst

Selbst mit den Hosen auf Halbmast, mit dem/der besten Freund/in des Partners im Bett, Marvin Gaye im CD-Player und den Austern auf dem Nachttisch gibt der Fisch noch den Til Schweiger: „Das ist jetzt nicht so, wie es aussieht!" Er ist bei Turbulenzen aus einem tief fliegenden Privatjet gefallen, der ihn zu seiner totkranken Tante bringen sollte, die noch einmal Austern essen wollte, und nett, wie er ist …! Da war wohl ein Rauschmittel in seiner Cola! Er ist verführt worden oder wollte den/die besten Freund/in nicht vor den Kopf stoßen. Der Partner ist selbst schuld, wenn er/sie so fett wird, dass der Fisch sich jemand anderen suchen muss. Außerdem ist das doch eine offene Beziehung, oder? Wird der Fisch absierviert, heult und jammert er, lässt sich von anderen auf Drinks einladen und erzählt ihnen, wie schlecht es ihm geht.

Typische Fisch-Ausreden

Der Fisch hat fünf Standardausreden, die er leicht abwandelt, um alle Eventualitäten abzudecken: 1. Nein, habe ich nicht, das bildest du dir nur ein! 2. Das ist nicht meine Schuld! 3. Der/die andere hat mich dazu verleitet! 4. Das ist alles deine Schuld! 5. Du, es geht mir überhaupt nicht gut!

Der Ehevertrag

Er ist so dick wie ein Konsalik, weil der Fisch alle paar Minuten seine Meinung ändert, ständig Absätze streicht und neue Klauseln hinzufügt. (Das kostet ihn nichts, da er eine Affäre mit seinem Anwalt hat. Ideal!) Der Vertrag garantiert ihm freien Umgang mit der Wahrheit, keinerlei Verantwortung für eigene Taten oder Aussagen und alleiniges Sorgerecht für die Hausbar, die er aber sowieso leer hinterlässt.

Venus und Fische

Schwestern im Geiste

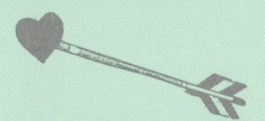

Die manipulativen Fähigkeiten des Fisches sind zwar gut, aber Venus ist eine Klasse für sich. Doch sie mag den Fisch (schließlich ist sie die Meerschaumgeborene). Er ist das kleine Äffchen der kühlen Ballkönigin, das dazu neigt, ins Schampusglas zu fallen. Wenn sie zusammen sind, hat man immer das Gefühl, einem Mutter-Tochter-Betrügergespann auf den Leim zu gehen, weiß aber nicht genau, warum. Laut astrologischer Regeln (siehe Seite 8–9) steht die Venus beim Fisch in Fische, Steinbock, Wassermann, Widder oder Stier.

Berühmte Fische

Jack Kerouac, 12. März 1922
Autor von *Unterwegs* (1947), dem ultimativen Fische-Leitfaden für Abstieg, Alkohol und Drogen, schlechten Sex mit den falschen Leuten und lange, ziellose, unorganisierte und nutzlose Reisen.

Jean Harlow, 3. März 1911
Hinreißende, aber glücklose platinblonde Sexbombe, die sich nur in Hollywoods Traumfabrik begab, um den unerfüllten Traum ihrer Mutter zu erfüllen.

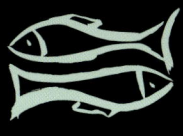

Venus in Fische

Steht die Venus beim Fisch zusätzlich im Fisch, ist er sanft, hilflos und absolut manipulativ – wie ein Korb Kätzchen in der Molkerei. Auf einer Schmalzspur dahingleitend, klebt er an seinem Objekt der Begierde wie eine zwangsgestörte Klette und überlädt die zarte Nussschale der Liebe mit Tonnen von Kitsch. Wenn ein Luxus-Traumschiff vorbeikommt, ist er allerdings weg.

Venus im Steinbock

Mit Venus in dieser Stellung behält der Fisch all seine Schuppen auf der Haut. Er singt zwar süßeste Liebeslieder zu schmalzigen Gitarrensoli, behält aber die Urheberrechte und räumt am T-Shirt-, Teetassen- und Mouse-Pad-Markt ab.

Venus im Wassermann

Die Koi-Karpfen-Konstellation, die die Coolness und Total-Egal-Haltung des Wassermanns mit dem Schwanken des Fisches und der Entschlossenheit der Venus kombiniert. Der Fisch schwebt außer Reichweite aufreizend hinter eine Seegurke, schießt aufgescheucht davon, wenn sich jemand nähert, und lässt sich mit Glitzerschmuck aus der Grotte locken.

Venus im Widder

Die klassische *Der-Weiße-Hai*-Konstellation. Dieser Fisch feilt schnell seine Zähne, strafft die Rückenflosse und macht Jagd auf alle hübschen Jungfische und Streuner im Atlantik. Hat er seine Fressgier ausgetobt, schießt er davon zu seinen Jagdgründen im Pazifik.

Venus im Stier

Da Venus hier in einem ihrer eigenen Zeichen steht, setzt sie den Drang des Fisches, Dinge schleifen zu lassen, außer Kraft und zeigt ihm, wie er etwas festhalten kann. Er fesselt den/die Geliebte/n mit reißfester Anglerschnur an sich und lässt ihn/sie nach versunkenen Schätzen tauchen.

Blind-Date-Sofort-Test

Bei einem Blind Date – einer ersten Verabredung, bei der man nicht weiß, wer oder was auf einen zukommt – wäre es doch wirklich klasse, wenn man innerhalb weniger Sekunden herausfinden könnte, ob sich der Aufwand, länger zu bleiben, lohnt. Man will aber auch nicht gleich nach dem Geburtstag des anderen fragen. Das könnte als Interesse gedeutet werden. So packe man einfach dieses Buch in die Hand- oder Laptoptasche und sehe unter dem Tisch heimlich nach. Wer diskret sein will, kopiert diese Seiten, steckt sie in die Hosentasche und liest nach, wenn er zur Toilette geht.

So funktioniert der Test

Er basiert auf beobachtbarer elementarer Energie. Das ist gar nicht so esoterisch, wie es klingt. Es gibt schließlich vier Elemente: Feuer, Erde, Luft und Wasser. Jedes Element taucht in vier der Sternzeichen auf, aber auf drei unterschiedliche Arten. Bei Kardinalzeichen (Widder, Krebs, Waage, Steinbock) bricht es roh und unverfälscht aus. Bei Fixzeichen (Stier, Löwe, Skorpion, Wassermann) zeigt es sich schonungslos und unnachgiebig. Bei Veränderlichen (Zwilling, Jungfrau, Schütze, Fische) ist es unvorhersehbar und instabil wie ein Vulkan. Hat man das Element bestimmt, kann man die Suche mit gezielten Fragen eingrenzen und findet am Ende das richtige Sternzeichen. Dann schätzt man mit der Unverträglichkeitsliste des eigenen Sternzeichens ein, wie gut es laufen könnte, und entscheidet dann, ob man sich das zwei Stunden lang antun will oder „einen ganz wichtigen Termin vergessen" hat.

Bestimmung der Elemente

Die vier Elemente weisen sehr ausgeprägte Verhaltensmuster auf, die sich schnell erkennen lassen. Am besten vereinbart man ein Treffen in einer Bar, erscheint frühzeitig und wartet in einer versteckten Ecke, sodass man das Verhalten seiner Verabredung in Ruhe beobachten kann. Aber bitte nicht überinterpretieren, es geht hier nur um den ersten oberflächlichen Eindruck.

- -

1 Die Person steht oder sitzt an der Theke, ist zappelig, macht sich breit und gestikuliert raumgreifend, spricht andere an, lacht laut über die eigenen Witze, spielt mit Bierdeckeln, scharrt mit den Füßen und trommelt ungeduldig mit den Fingern auf der Theke herum.
Das Date ist ein FEUERZEICHEN:
Weiterlesen auf Seite 186, Tafel 1.

2 Die Person sitzt an einem der besseren Tische, studiert die Karte mit Taschenrechner auf dem Tisch und knabbert die kostenlosen Erdnüsse. Ihre Tasche und die ordentlich gefaltete Jacke halten den Stuhl gegenüber frei.
Das Date ist ein ERDZEICHEN:
Weiterlesen auf Seite 187, Tafel 2.

3 Die Person hockt auf einem Barhocker am Tresen, quasselt beständig ins Handy, tippt auf dem Smartphone, spielt Tetris auf der Nintendo DS, liest *Sin City* oder *Zaubern für Dummies* oder lächelt sich selbst im Spiegel hinter der Theke an.
Das Date ist ein LUFTZEICHEN:
Weiterlesen auf Seite 188, Tafel 3.

4 Die Person setzt sich mit dem Rücken zur Wand in eine dunkle, etwas versteckte Nische in der hintersten Ecke der Bar und verbarrikadiert sich obendrein hinter irgendetwas. Oder aber es ist zunächst einmal niemand zu entdecken, auf den diese Beschreibung passen würde.
Das Date ist ein WASSERZEICHEN:
Weiterlesen auf Seite 189, Tafel 4.

TAFEL 1 FEUERZEICHEN

Die drei Feuerzeichen im Tierkreis sind: Widder, Löwe und Schütze. Um herauszufinden, ob Ihre Verabredung einem dieser Zeichen angehört, stellen Sie sich folgende Fragen:

Fragen
• Trägt er/sie noch Arbeitsklamotten (z. B. inklusive Schutzhelm und Zementstaub)?
• Hat er/sie sich schon mit einem Kellner so angelegt, dass Sie gehen müssen, sobald Sie eintreffen?
• Wenn Sie und besagte Person aus der Bar geworfen werden, kommen ihre Kumpels mit?

Antwort
Lautet die Antwort auf all diese Fragen „Ja", ist Ihr Date zu 99 Prozent ein WIDDER.
Das Ende vom Lied: Er/sie will Ihnen unbedingt den angesagtesten Laden zeigen, fährt viel zu schnell und wird von der Polizei angehalten; der Wagen gehört nicht ihm/ihr, und so müssen Sie für ihn/sie bürgen oder sitzen eine Nacht mit ein.

Fragen
• Trägt er/sie etwas Glitzerndes und spielt dauernd mit den Haaren?
• Hat er/sie für Sie gleich einen quietschbunten Longdrink mit vielen Schirmchen mitbestellt?
• Ist sein/ihr Handy-Bildschirmschoner ein Foto von ihm/ihr selbst?

Antwort
Lautet die Antwort auf all diese Fragen „Ja", ist Ihr Date zu 99 Prozent ein LÖWE.
Das Ende vom Lied: Es geht in sein/ihr Lieblingsrestaurant (ohne Diskussion), wo er/sie wie ein Promi und Sie mit mitleidigem Lächeln begrüßt werden. Er/sie bestimmt, was Sie essen wollen, und wird den ganzen Abend von seinem/ihrem Agenten angerufen.

Fragen
• Trägt er/sie seine Baseballkappe verkehrt herum, ein Snowboard unter dem Arm und viele Verbände?
• Wartet er/sie aus Versehen in der Bar gegenüber, weil er/sie sich die Adresse auf der Hand notiert hatte und sie leider beim Baden im Pool eines Freundes abgewaschen wurde?
• Wirft er/sie versehendlich Ihren Drink um, bestellt einen neuen und trinkt ihn dann selbst?

Antwort
Lautet die Antwort auf all diese Fragen „Ja", ist Ihr Date zu 99 Prozent ein SCHÜTZE.
Das Ende vom Lied: Er/sie braucht eine halbe Stunde bis zu Ihnen an den Tisch, weil er/sie jeden in der Bar kennt. Schon aus drei Meter Entfernung ruft er/sie Ihnen fröhlich zu, dass Sie aber älter aussehen als auf dem Foto auf der Website.

186

TAFEL 2 ERDZEICHEN

Die drei Erdzeichen im Tierkreis sind: Stier, Jungfrau und Steinbock. Um herauszufinden, ob Ihre Verabredung einem dieser Zeichen angehört, stellen Sie sich folgende Fragen:

Fragen
- Trägt er/sie Leder?
- Hat er/sie eine Flasche guten Rotwein bestellt und sie schon halb ausgetrunken?
- Ist er/sie sehr kribbelig, weil seine/ihre übliche Essenszeit vorbei ist, da Sie zehn Minuten zu spät sind?

Antwort
Lautet die Antwort auf all diese Fragen „Ja", ist Ihr Date zu 99 Prozent ein STIER.
Das Ende vom Lied: Die zwei Stunden, die das Date dauert, erscheinen wie eine Ewigkeit. Er/sie ist absolut schockiert, als Sie fragen, ob Sie seine/ihre Tournedos Rossini probieren dürfen, isst aber, ohne zu zaudern, Ihr halbes Dessert.

Fragen
- Trägt er/sie ein T-Shirt aus 100 Prozent abbaubarer Fair-Trade-Baumwolle aus biologischem Anbau mit anklagendem Öko-Slogan?
- Wischt er/sie den Tisch mit mitgebrachten Hygienetüchern sauber?
- Trinkt er/sie einen Kräutertee oder einen fettreduzierten, zuckerfreien Soja-Shake?

Antwort
Lautet die Antwort auf all diese Fragen „Ja", ist Ihr Date zu 99 Prozent eine JUNGFRAU.
Das Ende vom Lied: Er/sie überreicht Ihnen einen detaillierten Ablaufplan (Excel-Tabelle) für den Abend, hat einen Schirm dabei (es ist Hochsommer) und ein paar Reisplätzchen (wegen Weizenunverträglichkeit). Das genaue Aufteilen der Rechnung braucht den halben Abend.

Fragen
- Trägt er/sie Anzug oder Kostüm?
- Trinkt er/sie Leitungswasser?
- Überreicht er/sie Ihnen als Erstes seine/ihre Visitenkarte?

Antwort
Lautet die Antwort auf all diese Fragen „Ja", ist Ihr Date zu 99 Prozent ein STEINBOCK.
Das Ende vom Lied: Sie gehen in eine Steakhauskette (er/sie hat einen Gutschein für zwei Essen zum Preis von einem zur Happy Hour). Den Rest des Abends spielen Sie „Ablaufdaten erraten" mit Ihren jeweiligen Kredit- und Scheckkarten.

TAFEL 3 LUFTZEICHEN

Die drei Luftzeichen im Tierkreis sind: Zwilling, Waage und Wassermann. Um herauszufinden, ob Ihre Verabredung einem dieser Zeichen angehört, stellen Sie sich folgende Fragen:

Fragen
• Trägt er/sie Markenklamotten, die er/sie sich eigentlich kaum leisten können sollte?
• Lässt er/sie Sie kaum zu Wort kommen?
• Hat er/sie eine Flasche Dom Perignon Rosé auf Ihre Rechnung bestellt?

Antwort
Lautet die Antwort auf all diese Fragen „Ja", ist Ihr Date zu 99 Prozent ein ZWILLING.
Das Ende vom Lied: Kurz nach Ihnen treffen drei weitere Kandidaten ein; Ihr Date kann alles erklären, hat aber noch einen ganz dringenden Termin mit seinem Anwalt wegen eines kleinen Missverständnisses. Sie ziehen mit den anderen drei ebenso Überraschten um die Häuser.

Fragen
• Hängt seine/ihre Jacke so, dass Sie das Label sehen können (z. B. Prada)?
• Lächelt er/sie zu viel und späht ständig über Ihre Schulter, ob da nicht noch ein attraktiveres Opfer ist?
• Trinkt er/sie einen sehr teuren Cocktail, den ihm ein anderer Barbesucher hat bringen lassen?

Antwort
Lautet die Antwort auf all diese Fragen „Ja", ist Ihr Date zu 99 Prozent eine WAAGE.
Das Ende vom Lied: Er/sie rückt Ihnen ein wenig zu nah auf die Pelle, lacht auch über miese Witze laut und nennt Sie den ganzen Abend „Schätzchen" oder „Liebling", weil er/sie Ihren Namen vergessen hat. Die Rechnung bleibt irgendwie an Ihnen hängen.

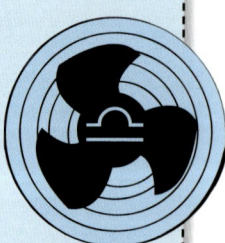

Fragen
• Trägt er/sie seltsame Socken oder Schuhe oder eine Verkehrssicherheitsweste?
• Baut er/sie aus Eisstückchen, Zahnstochern und/oder Bierdeckeln ein Modell von Stonehenge oder vom Millennium Falken?
• Trinkt er/sie etwas Seltsames, wie etwa Guinness mit einem Schuss grünem Tee?

Antwort
Lautet die Antwort auf all diese Fragen „Ja", ist Ihr Date zu 99 Prozent ein WASSERMANN.
Das Ende vom Lied: Nachdem er/sie Ihnen seine/ihre drei anderen Dates vorgestellt hat, teilen Sie sich alle den Abend lang Pizzas, hocken um sein/ihr Laptop herum und unterzeichnen im Web Petitionen gegen Klimawandel, Fangrechte und die Pharmalobby.

TAFEL 4 WASSERZEICHEN

Die drei Wassereichen im Tierkreis sind: Krebs, Skorpion und Fische. Um herauszufinden, ob Ihre Verabredung einem dieser Zeichen angehört, stellen Sie sich folgende Fragen:

Fragen
• Ist er/sie tatsächlich da, oder hat er/sie nur eine Nachricht hinterlegt, dass das alles nur ein großes Missverständnis war und Sie ihn/sie sowieso nicht gemocht hätten?
• Hat er/sie seine/ihre Schmusedecke dabei?
• Trinkt er/sie eine Eisschokolade?

Antwort
Lautet die Antwort auf all diese Fragen „Ja", ist Ihr Date zu 99 Prozent ein KREBS.
Das Ende vom Lied: Seine/ihre Mutter ruft mindestens dreimal an, und er/sie geht nicht nur ans Telefon, sondern sagt Ihnen, wer dran ist, und beantwortet alle Fragen. Dann geht er/sie zum WC und kommt erst wieder, als die Bar schließt.

Fragen
• Trägt er/sie dezentes Schwarz?
• Ist er/sie schon eine halbe Stunde da und hat alle anderen an der Bar etwas weiter rutschen lassen?
• Trinkt er/sie einen dreifachen Espresso ohne Zucker?

Antwort
Lautet die Antwort auf all diese Fragen „Ja", ist Ihr Date zu 99 Prozent ein SKORPION.
Das Ende vom Lied: Sie erinnern sich nur noch, dass Sie ihm/ihr in die Augen gesehen haben. Vom Rest des Abends haben Sie keinen blassen Schimmer mehr. Sie wachen in Ihrem eigenen Bett auf – allein und mit Handschellenschlüsseln neben dem Kopfkissen.

Fragen
• Sieht er/sie so aus, als würde er/sie die Klamotten eines anderen tragen?
• Wartet er/sie unter dem Tisch?
• Bittet der Barkeeper Sie, zunächst einmal seine/ihre Rechnung zu begleichen, bevor Sie erneut etwas bestellen können?

Antwort
Lautet die Antwort auf all diese Fragen „Ja", ist Ihr Date zu 99 Prozent ein FISCH.
Das Ende vom Lied: Er/sie möchte unbedingt in diese kleine süße Bar gehen, wo ihn/sie jeder kennt, kann sie aber nicht finden, gibt Ihnen die Schuld und leiht sich unter Tränen zehn Euro für die Heimfahrt.

Weitere interessante Bücher und Internetadressen

Hier ein paar Lesetipps zu Büchern und Webadressen rund um das Thema Sternzeichen. Sie beschäftigen sich nicht ausschließlich mit den Abgründen der einzelnen Sternzeichen, die meisten erkennen ihre Existenz aber zumindest an.

Bücher

Banzhaf, Hajo: *Schlüsselworte zur Astrologie*, Kailash, 2007

Bauer, Erich: *Grundwissen der Astrologie*, Kailash, 2007

Fischer, Kelly: *Typisch! Was dein Sternzeichen über dich verrät*, Taschenbuch, 2010

Greene, Liz: *Sage mir dein Sternzeichen, und ich sage dir, wie du liebst*, Fischer, 2010

Mittag, Sitara: *Wo kommst du her, wo gehst du hin*, Innenwelt, 2006

Weidner, Christopher A.: *Astro easy*, Droemer/Knaur, 2009

Internetadressen

Astrodienst: *www.astro.com*
Kombiniert das Wissen versierter Astrologen mit aktueller Computer-Software und bietet neben kostenlosen Horoskopen auch jede Menge Links zu interessanten Themen sowie die Möglichkeit, sich ausführliche professionelle Horoskope erstellen zu lassen.

Astrologie: *www.astrologie.de*
Großes Astrologie- und Esoterik-Portal, auf dem Interessierte nicht nur Fachwissen von Experten abrufen, sondern sich auch für Schulungen und Weiterbildungsseminare anmelden können. Überdies gibt es das kostenlose Tageshoroskop.

Deutscher Astrologenverband e.V.:
www.astrologenverband.de
Der Deutsche Astrologenverband bietet Aufklärung über die Möglichkeiten und Grenzen einer seriös betriebenen Astrologie. Wer sich beruflich mit dem Thema Astrologie auseinandersetzen möchte, findet hier umfangreiche Informationen und Tipps.

Noé Astro *www.noeastro.de*
Tageshoroskop, Glückshoroskop, Karmahoroskop – Noé Astro ist die führende Plattform für Inhalte, Produkte und Dienstleistungen, nicht nur rund um astrologische Themen sowie Tarot, Numerologie und Orakel, sondern auch um verwandte Lebensthemen wie Liebe, Beruf, Geist und Seele, Wellness und Freizeit.

Register

Daŋk

Der Autor sowie der Verlag danken den folgenden Personen und Institutionen für die freundliche Genehmigung, ihre Fotografien zu nutzen.

akg-images: 70u, 98u, 154u; Album: 84u, 182u, 56o. Art Archive/Culver Pictures: 28o; Fondation Thiers Paris/Gianni Dagli Orti: 84o. Bridgeman Art Waagery/Private collection: 56u. Corbis/Claire Artman/zefa: 120; Bettmann: 28u, 126u, 154u, 182u; Roy Botterell: 162; Janni Chavakis/zefa: 36; Peter M. Fisher: 176; Lynn Goldsmith: 42o; Tim Graham: 70o; Douglas Kent Hall/Zuma: 140o; Hulton-Deutsch Collection: 98o, 126o; A. Inden/zefa: 106; Red James/zefa: 92; C. Lyttle/zefa: 50; Louis Moses/zefa: 78; Anthony Redpath: 134; Royalty-Free: 22, 148; Sunset Boulevard: 42u; Franco Vogt: 64; Jupiter Images: 112, 140.